新手選股不嗶囉！

阿斯匹
不看盤也獲利
的 30 堂
財務自由課

阿斯匹靈 著

人氣部落格「邁向理財航路」板主

## 自序
## 投資的目的，在追求自己的人生

　　在第一本著作《不看盤 獲利更簡單》中，分享的是我個人在交易當中的許多心得，不過都是屬於在操作中期的經驗以及一些心法。對於已經操作過一段時間的投資人，看了這本書應該都會心有戚戚焉，因為在投資的路上，大部分的陡坡或是障礙都是每個投資人必經的過程，只是有的人可以順利地在很快地時間通過，有得人則是要花上好幾年才能突破，甚至有些人在股市中浮沉了幾十年都還沒有辦法度過這個階段，這也是我出版第一本書的原因：希望可以幫助這些在投資路上遇到障礙的投資人，可以快一點突破這個關卡。不過在出版之後開始會遇到一些投資朋友，他們都會問我一個問題：「剛近股市的投資人要看哪一本書比較好？」由於第一本著作《不看盤 獲利更簡單》是寫給已經在投資路途上投資人，因此對於剛要踏上投資路的朋友，一時之間總是找不到比較恰當的書籍可以分享給他們，所以才會想要乾脆把自己認為初學者應該了解的觀念寫成一本書，因此這本書就因此而誕生了。

由於大多人都是以股市為操作的工具，因此本書有比較多的部分著墨在股市的觀念上，從基本面、技術面、消息面到籌碼面，個人都提出最關鍵的看法，因為每個面向都能夠幫助投資人獲利。只要使用得當就會是好的交易工具，當然這些工具無論是哪一個面向都可以寫成好幾本書，本書只能透過幾個簡單的部分，來分享個人對於這些面向的一些想法，希望可以幫助投資人在學習的時候，可以避免走過許多冤枉路，省下不必要的交易成本。

　　在第二章的心態偏則是要破解大多投資人的迷思，有人說相由心生，事實上交易的結果也是由心決定，如果有不正確的心態，那麼即使交易技巧再好，也是難逃被市場淘汰的命運，接下來的第三章是針對投資人的另一個交易工具－－基金，來分享一些觀念，基本上基金都是交由專業的經理人來操作，要能夠成為一個基金的經理人，可以說是非常不容易，不但要有高學歷的背景還要有豐富的經歷，才有辦法處

理幾億到數十億的基金規模，更何況很多基金公司的研究團隊都非常專業，加上擁有全球的關鍵資訊。因此交給這樣的一個基金經理人，是應該可以得到不錯的報酬才對，不過由於許多投資人對於基金的觀念也是不正確，才會導致即使交給專業的經理人操作，最後還是落得虧損的下場，因此對於如何適當的操作基金，本章也會提供正確的觀念給大家。

第四章的交易篇是針對所有的交易人而寫的，無論是交易哪種商品，事實上只有兩個動作，也就是買進跟賣出，但是在買進到賣出中間，交易人所要承受的就是盈虧持續的變化，如何在這樣的過程中，讓自己保持最好的狀態，就是交易的最大重點。而且所有的分析都只是事前的文字，所有的報告都是事後的解說，分析跟報告都無法幫助投資人獲利，唯有持續地透過交易，投資人的績效才能夠穩定地成長，因此交易可以說是最重要的一部分，只要懂得交易的道理，那

麼即使沒有高超的技巧，也能夠讓自己成為投資市場上的贏家了。

　　最後一章的聖盃篇，則是個人在經過十多年的交易生涯後，所得到的交易心法，並且將之化繁為簡後，成為最後的一個章節。也許剛開始的投資人會無法體會出最後章節的涵意，不過假以時日，當投資人的交易出現一些挑戰的時候，再回過頭來看這一個章節，應該就可以體會出交易背後的真相，也就是投資的聖盃。當投資人能夠真正體會這個章節的涵意時，相信投資對於你來說已經是駕輕就熟的工具，你已經在進一步追求屬於你自己的人生。

阿斯匹靈

# CONTENTS

# 第1部

# 股市篇

投資的領域很多，像是股票、基金、指數期貨、外匯、國外 ETF 還有商品期貨等等，這些投資商品，看起來差異很大，不過若能在其中之一獲得成功的績效，在其他領域也應該會有不錯的收益。因此本篇就以大家最熟悉的股票當作主要的範例。

台股交易不難，因為每個人無論學經歷背景，都在同一個市場裡交易，而且交易的績效和背景一點關係都沒有，看起來是非常公平的遊戲。

## 聰明地置身事外

但是股市交易其實看起來人人有機會，事實上卻是個個都沒把握，無論學歷多高或是經歷多豐富，都無法在市場上永遠呼風喚雨，所以台股簡單嗎？其實很難！是什麼樣的原因，讓台股看似簡單，實際上又這麼困難呢？

有句話說：「內行看門道，外行看熱鬧」，如果是台股的場內高手，就能看出台股的微妙變化，每次行情都知道箇中原委，因此當然可以看出門道，並且穩定獲利；如果只是場外的散戶，往往會被市場迷惑，在市場瘋狂時進場，又在市場恐慌時跟著出場，當然是落入虧損的命運當中。

不過，並不是有錢或是有關係才屬於場內高手，也不是資金比較小的就屬於場外的散戶，想成為高手與資金、關係都無關，最大關鍵就是置身事外，相反地，落入散戶的原因就是身在其中。

## 資訊也在大爆炸

在幾十年前，如果想知道股票的報價，只能聽收音機的廣播；想進一步知道股票為何漲跌，是不太容易的。在電視發明後，就可以透過電視了解股票報價；這時候頻道上開始

有些財經新聞，透過它也能大致了解漲跌的原因，不過還是不太容易。那時，只要消息夠靈通，往往就是獲利的關鍵。那是個資訊不對稱的年代，因此誰能得到第一手的資訊，誰就能獲得利潤，所以買報紙或是資訊軟體，是很重要的事。

這幾年資訊爆炸，除了用電腦就可以將股票報價一覽無遺外，最近手機與平板電腦等手持裝置也加入資訊投射的行列，連上班或開會時也可以用手機馬上知道股價的變化；想要了解股票漲跌的原因，Google一下就有無數的市場資訊出現，從公司的財務數字、未來發展甚至全球布局，在這個大數據的時代，只要一支手機就能夠一探究竟，投資人已經被大量的資訊所淹沒。

資訊傳播的速度太快，以致於投資人來不及分辨真假時，新的資訊又接踵而至，所以在這個時代裡，投資人最需要的過濾資訊的技能，而不是毫無理由地接受一切資訊。

## 過濾分析比吸收更重要

因此過濾資訊以及分辨資訊對於現代投資人如此重要，如果不懂得分辨資訊，只是囫圇吞棗地全面吸收，那麼無論擁有多少資金，永遠都是場外散戶，因為太「身在其中」。這種人只要主力希望賣股票，放出利多消息，就會進場買進，成為主力手中的待宰羔羊，所以再多資金都不夠輸；相反地，如果知道哪些資訊可以參考，哪些資訊又只是假象，那麼就算資金少，也可以站進場內高手的行列。因為能夠置

身事外，所以主力想要散播假利多吸引散戶進來買，反而會被高手當作賣出甚至放空的訊。而即使一開始的資金不多，但只要能看懂市場跟主力的脈動，最後還是能晉身大戶。

　　因此本書最重要的觀念，就是幫助「身在其中」的投資人可以看清一些真相，讓大家未來可以置身事外，正確了解市場脈動，加入穩定獲利的行列。

　　另外，對於還沒有進場的投資人，本書要先來點行前教育，免得一進市場就被不正確的資訊洗腦，在這種狀況下，愈是努力績效愈不好，雖然努力是成功的要素之一，不過找到正確的方向比努力還要重要，所以讓我們來看看市場上到底有哪些門道吧！

# 基本面屬於「昨天」

**過濾垃圾資訊／判斷公司營收／營收與股價**
透過昨日的數據，了解公司未來的發展

在過去，只要看一下報表就能夠判定公司的價值，不過在全球化浪潮下，公司獲利會受到整體產業的影響，而整體產業也會受到全球經濟的左右，因此若在當下想掌握基本面，要花的時間可能會比以前多很多。

有些投資人雖然花了很多時間研究，但效果不彰，那就是沒有過濾資訊，才會花很多時間在錯誤資訊上面。

如何透過這些過去數據來估量未來的基本面，其實很不簡單，讓我們來看看要如何分析一些市場上常見的基本面數據吧！

## 基本面01
## 每月營收：創新高反而要賣出

營收就是營業的收入，按照現行法令規定，每個月的10日之前，必須要公布在「公開資訊觀測站」[1]上，所以每月10日之前我們就能知道一間公司上個月營收的狀況，這是屬於基本面中最快速的資訊。

除了每個月的營收，其餘的報告，比如季報，都需時較

---

1　https://mops.twse.com.tw

久。像是1到3月底的季財務報表就要等到5月15日之前；4到6月底的季財務報表要等到8月14日之前；7到9月底的季財務報表要等到11月14號之前，幾乎都要等上一個半月左右。另外，一整年的年報則是隔年的3月底前要公布，更是落後了三個月之多。

所以在每個月初公布的營收狀況，就是研究基本面的投資人能快速掌握公司財務的最佳管道，也因此營收一公布，股價往往會有劇烈的波動，這是因為市場上會根據營收的變化，針對公司一整季或是一整年的財務做出及時的調整。

所以一間公司的營收比上個月成長了多少（MoM），比去年的同期月份又成長了多少（YoY），或是今年累積營收跟去年營收的比較，都是每個月初基本面投資人以及法人機構必須研究的關鍵數字，重要性當然不在話下。

## 公司營運三大指標

公司的營收公布之後，要如何判定營收是好還是壞？基本上可以歸納出三大方向：成長或衰退、淡旺季營收、營收為何創新高。

### 成長或衰退 ▶ 營收持續成長或衰退

比較這個月和上個月的營收（MoM），如果每個月的營收都比上個月多，就表示公司目前是持續成長，正面發展當

中；有些公司可能某個月的營收大幅成長，但是隔月營收就又恢復以前的水準，表示那樣的營收只是曇花一現，對公司整體的影響有限。

因此若能找到營收持續穩定成長的公司，就表示找到對的產業；相反地，如果公司的營收持續衰退，每個月的營收都比上個月少，就表示公司的營運是在下滑當中，必須要儘量避開。

## 淡旺季營運 ▶
### 淡季不淡或是旺季不旺

有些公司由於會受到公司產品淡旺季的影響，因此營收會集中在某段時間表現特別優異；比如遊戲類股在寒、暑假前後會有比較好的表現，因此營收會明顯成長。針對這類型的公司，便不能用（MoM）的方式來比較，而是要用這個月的營收跟去年同時期的營收來比較（YoY）。

若比較下來，跟去年同時期的營收相較下有所成長，便可說這間公司仍在正面發展中；若比去年來得衰退，表示公司營運開始不佳，出現了旺季不旺的情況，需要謹慎面對。

有些公司雖然看起來營收比上個月衰退，但可能是因為來到淡季；若與去年同期相比較為成長，便可說是淡季不淡，公司還是屬於正向發展的狀況。如果看到公司營收每年只在固定的時間成長，便能判斷這間公司就是屬於景氣循環的類別，要觀察營收就要比較去年同期。

**營收為何創新高 ▶**
**詳細解析創新高的原因**

當產業產生爆炸性成長，也是公司出現轉機時，營收通常會擺脫過去的情況，有時甚至會一口氣創下歷史新高，因此通常都是非常正向的表現。但有些公司可能只是臨時接到一筆大訂單，讓營收剛好創下歷史新高，隔月又恢復正常；或是因為會計準則的關係，一口氣認列一筆很大的收入或利潤，讓營收忽然衝高。因此公司的營收創新高的同時，也要看看是否能夠持續，或是維持高檔，那麼才表示公司有爆發性成長。

## 📑 營收≠利潤，須小心

雖然有以上三種方式可以判定公司的營運好壞，不過公司的營運收入是否能夠轉換成利潤，還是要等財報出來才知道。因此可能有些公司雖然營收成長，但卻可能是做愈多、虧愈多。因此沒有到財報公布之前，很難拿捏得準，即使是法人的研究員，也只能從產業結構以及公司過去的財報來推敲一二，最後還是要由財報來確認。因此財報一公布往往股價就會有劇烈的波動，就是因為這時候才能見真章。

除了無法明確知道公司營收能轉換成多少利潤，還有另一個潛在的考量：營收雖是每個月10日前公布，即8月營收要等到9月初才會公布，但是公司的營收不像是早餐店一樣，要開門之後才知道今天有沒有生意；大多數公司看訂單

就知道本月的營收如何，有些公司甚至可以預測半年內的營收狀況；這些資訊，公司有些內部人員會知道，法人研究員也能透過拜訪公司得知，主力大戶由於跟公司關係好也會知道。

換句話說，在營收公布的前幾週甚至幾個月，已有很多人得知相關資訊，我們在看營收時也要有這一層體認。

## 營收成長股價卻下跌？
## 先考量風險再找原因

營收是公司的財務數字，如果有優良表現，正常來說股價都會有正向反應。不過如果出現異常，就是投資人要謹慎面對的時刻，譬如當公司營收持續成長的同時，公司的股價卻是反向一路往下跌，這就是異常的現象，表示市場不認同公司營收的成長。原因可能是營收雖然成長，但由於毛利率太低，導致公司的獲利並沒有成長、甚至衰退，股價才會一路下跌；也可能公司未來的營收可能會衰退，因此有心人士提早賣出公司的股票，導致股價持續性下跌。

導致營收成長但是股價下跌的原因有百百種，重點並不是找出哪一個原因，而是當股價不如預期時，就應該以風險為考量，馬上賣出手中的股票，才是第一優先要做的事。否則等到水落石出時，股價也已經跌完了。

前面提到，有心人士有很多辦法提早得知營收，因此當公司營收創新高的消息公布時，一定會引來投資人的追價買

進。因為報章媒體都慣用聳動的語言來表達，因此這時候有心人士就會趁機賣出前幾週買進的股票給投資人。

所以常會發現營收創新高的公司，股價往往在前幾週就開始上漲，等到一公布營收創新高的消息，股價反而在這時候下跌。雖然營收創新高的公司可能中期還在持續成長，不但由於消息的不對稱，導致股價短線出現利多不漲反跌的情況。所以投資人要了解一件事：當公司營收創新高時，股價反向下跌才是合理的表現。就算不賣出股票，也要知道：看到營收創新高這樣的利多去追進股票是非常不理智的行為。

## 基本面02
### 負債比：愈高愈會漲

大部分投資人在研究公司基本面時，為求保險起見，因此會研究公司的負債比[2]，藉以檢視公司的負債情況以及風險程度。但負債比率並不單純是高或低就是好，要根據不同的環境以及全球經濟的狀況來衡量，沒有絕對的標準、不同狀況就會有不同的涵義。

---

2　負債比的計算方式：負債比率＝負債總額／資產總額

表1-1　身分不同，負債比的意義也不同

| 身分 | 負債比高低 | 對於負債比的考量 |
|---|---|---|
| 債權人 | 愈低愈好 | 公司能夠順利還債的機率較高 |
| 經營者 | 提高負債比率 | 可以提高公司的財務槓桿，增加公司可運用的資金 |
| 股東 | 看景氣情況 | ·景氣好或是產業成長時，負債比率高的公司就會高度成長<br>·景氣差或是產業衰退時，負債比率高的公司就會有很高的資金成本，較為危險 |

## 四角度看負債比 面面俱到

對於投資人說，負債比只是個指標，需要分析才能產出結論。針對負債比，市場上有多種分析方法，各自的特點不太一樣。

### 獲利分析 ▶
### 若負債比成長，公司也獲利，代表舉債有效果！

比較公司負債比率的增長跟公司獲利的成長率，如果獲利成長的幅度比負債成長的幅度大，那麼公司舉債的效果就是正面的；相反地，如果公司負債持續增加，獲利卻跟不上，就要小心公司已經陷入衰退的窘境。

## 償債分析 ▶
## 現金流入與負債成正比，表示舉債效果佳！

觀察公司淨現金流入的狀況，如果公司負債增加，但是淨現金流入沒有跟著明顯增加，公司舉債的效果就不佳，甚至還有還債的風險存在，是要小心的；如果公司負債增加的同時，淨現金流入也明顯增加，就表示舉債的效果好，是正向訊號。

## 資產分析 ▶
## 流動資產比重高，負債比率也可以高！

公司的資產愈多，負債比率就會相對較低。不過資產的項目有許多種，每種資產能夠變現的速率都不同。「固定資產」像是廠房、土地等等，變現速度慢，若公司因為缺錢要賣廠房土地，往往都會賤價出售，對公司不利；再來就是「長期投資」項目，變現速度也不快。

另外還要考慮長期投資目前的投資效益，如果公司的長期投資是嚴重虧損，那麼也要避開。「流動資產」則變現最快，雖然流動資產裡面還要細分很多項目來看品質，不過整體來說，其變現速度大於長期投資跟固定資產。因此如果公司的流動資產比重高，那麼負債比率也就可以高一些。

## 負債分析 ▶
### 公司現金與獲利，須能支應流動與長期負債！

公司的負債情況基本上分成兩種，也就是「流動負債」跟「長期負債」，流動負債就是公司短期要還的債務，要觀察公司的流動資產是否能夠因應短期負債的壓力。一般來說，流動負債不能超過流動資產的一半，否則就會有短期還債的風險出現。而如果公司的現金部位能夠超過流動負債，就是相對安全；長期負債雖然短期只有利息的支出，如果公司的獲利無法超過利息，那麼就會有營運上的風險。因此長債比重高的公司，獲利必須持續成長或是很穩定才行。

○ 阿斯匹靈獨家觀點

### 平凡投資人也能專業分析負債比

其實，分析負債比的這些方法，通常是投資部位很大的法人才會有能力做到這樣詳細，一般投資人不太容易達成。況且，公司財報的揭露也比較慢，因此有時候可能看到財報時，公司已經出現問題了。

在此，阿斯匹靈提供給投資人另外三種分析方法，可因應這樣的情況：

**❶ 分析大環境**

巴菲特說過：「只有海水退潮時，你才會知道誰沒穿褲子。」

當經濟轉差，股市開始大跌時，那些體質不佳的公司就

會顯露出來,因此我們要先知道目前大環境是好是壞,當做研究負債的參考。如果大環境是股市長多(加權指數的季線>年線)[3],那麼對於負債的品質要求就可以鬆一些,儘量注重公司的獲利,來當作選股的參考;相反地,如果大環境是股市長空(加權指數的季線<年線),那麼對於公司負債的品質就要高一些,公司的獲利反而不那麼重要,這樣就能避開當經濟轉差時受到嚴重傷害的公司。

### ❷ 分析個股價格

俗話說:「春江水暖鴨先知」,一間公司的好跟壞,最先知道的是公司內部的大股東,再來是有龐大資源的法人研究機構,最後才是一般的散戶小股東。所以一般投資人一定要關心股價的變化,當股價出現明顯的下跌走勢時,通常都表示公司或多或少出現問題,而讓公司內部大股東或是法人持續出場,才會造成股價下跌的結果,因此我們可以透過兩條均線來當做判斷的基準。事實上,當公司股價的季線>年線,那麼表示公司的技術面是長多走勢,這種時候對於公司的負債就可以寬鬆一些;如果公司股價的季線<年線,就表示公司的技術面是長空走勢,那麼就要嚴格審視公司的負債狀況,並且設想最壞的風險當作投資的參考。

---

3 季線為60日移動平均線,也就是過去60天收盤價的平均數,年線則是240日移動平均線,是過去240天收盤價的平均數。均線是技術分析中用來判斷多空趨勢的依據之一。

### ❸ 分析個股籌碼

從個股的股價分析可以讓我們提高警覺，不過有時候還是太慢。當個股股價從多頭轉成空頭時，股價通常都已經下跌超過兩成，因此我們還可以透過籌碼分析作為領先指標的參考。

由於目前證交所要求，無論是公司大股東還是法人──尤其是資訊最領先的大股東──想要賣出股票時，都必須提前公開申報，之後才能真正地在市場上賣出。所以當公司的大股東申報賣出，這透露出不一樣的訊息，投資者該好好地檢視一下這間公司的負債，對於自己手上持有的股票，也可以藉助這樣的資訊審視一番。

再來就是法人的部分，當法人賣出股票後，當天晚上就會揭露；市場上有很多管道可以看到法人買賣的資訊統計，若法人在過去三個月很明顯地賣出某個股，投資者就要謹慎面對，要開始對於公司的負債有嚴謹的標準才行。

從以上幾點來看，可知公司負債分析沒有一定的標準。投資人應該要有某種條件上的彈性做為基準，有時候可以寬鬆，有時候則要嚴謹。

有些公司在景氣向上時，往往會大幅舉債來增加公司獲利，這時候會發現負債比愈高的公司反而愈會漲，因為這樣的公司會利用景氣的大勢，以及資金槓桿的效果，來替公司股東創造利潤；當景氣轉向，公司是否能轉攻為守，趕緊降低自己的負債，以度過嚴酷的寒冬，就有賴於公司領導的人

遠見。我們投資人只能根據不同的情勢隨風轉舵，才能保護好自己手上的資金。

## 基本面03
## 本益比：愈低愈不能買

許多人研究基本面時，都會非常注重「本益比」[4]。舉個例子說明，若一間公司每股可以賺三元，若用36元買入，預期每年可以領回3元，那麼就能說預期只要12年便可以回本，這樣的公司本益比就是12（36/3），所以本益比就相當於是預期回本的年數。

若一間公司的本益比是20，即預期20年後可以回本，那麼每年的報酬率就相當於是5%（100%/20），所以本益比不但可以預估回本的時間，另外還可以表示年報酬率，因此是大多投資人會研究的基本面數據。

不過本益比裡面有一個重要的數字難以估算，即公司的稅後純益（EPS）。前面提到的回本時間以及年報酬率，都是假設公司每年賺的一樣多，但在現實的經營上，可以發現這是不可能的事。每年公司的獲利都不同，而且很難預估，所以基本上想要知道一間公司未來十年的EPS是不可能的，本益比也因此無法拿來當作估計回本時間以及年報酬率的工具。

---

4　本益比（P/E Ratio）＝股價（Price）／每股稅後純益（EPS）

表1-2是宏達電的歷年每股稅後盈餘,可以看到這十餘年來EPS的變化非常大,因此如果用任何一年來當做判定回本時間或是報酬率都會有很大的誤差。如果我們把市場認為的本益比來跟股價比較,就會發現有很大的誤會。

**表1-2** 宏達電歷年每股稅後盈餘

| 年度 | 92 | 93 | 94 | 95 | 96 | 97 | 98 | 99 | 100 | 101 | 102 |
|------|-----|------|------|------|------|------|------|------|------|------|------|
| EPS | 8.5 | 14.2 | 33.0 | 57.9 | 50.5 | 37.9 | 28.7 | 48.4 | 72.7 | 19.7 | -1.6 |
| 年度 | 103 | 104 | 105 | 106 | 107 | 108 | 109 | | | | |
| EPS | 1.8 | -18.8 | -12.8 | -20.6 | 14.7 | -11.4 | -6.0 | | | | |

圖1-1是宏達電的月收盤價走勢圖,淺灰色線是以當年的EPS來計算的20倍本益比股價;深灰色線則以當年的EPS來計算的10倍本益比股價,可以發現到如果隔年的獲利大幅成長,那麼股價就會一路往上衝,本益比也會愈來愈高,相反地,如果隔年的獲利是大幅衰退,那麼股價就會一直往下掉,本益比也會愈來愈低。如100年時,宏達電的股價大幅下跌,如果以當年度的獲利72.7來計算,10倍本益比是727元。但若是因為本益比低就去低接的投資人,就會看到之後宏達電股價繼續下跌,當年度最低來到403元,本益比不到6倍。當投資人覺得奇怪時,才會發現宏達電隔年的獲利只有19.7,727元的本益比高達36倍。

圖1-1 宏達電月收盤價及本益比

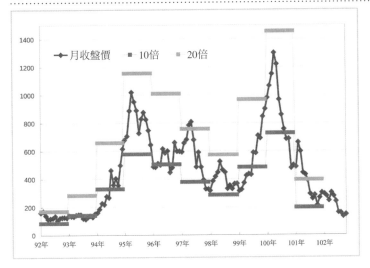

因此若公司本身的獲利波動很大，本益比就會有相反的效果；本益比往上走可能是買點，愈來愈低時，反而應該賣出。這樣的公司在成長時，市場會持續追價，投機氣氛也會愈來愈高。但當公司進入衰退時，市場也會持續追殺，最後引發多殺多的下跌行情。因此如果要操作本益比，則不宜挑選這樣類型的公司。

表1-3 中華電信歷年每股稅後盈餘

| 年度 | 92 | 93 | 94 | 95 | 96 | 97 | 98 | 99 | 100 | 101 | 102 |
|------|-----|-----|-----|-----|-----|-----|-----|-----|-----|-----|-----|
| EPS | 5.0 | 5.2 | 4.9 | 4.6 | 4.5 | 3.9 | 4.1 | 4.9 | 6.1 | 5.1 | 5.1 |
| 年度 | 103 | 104 | 105 | 106 | 107 | 108 | 109 | | | | |
| EPS | 5.0 | 5.5 | 5.2 | 5.0 | 4.6 | 4.2 | 4.3 | | | | |

表1-3是中華電信歷年來的每股稅後盈餘，可以看到大多落在五元上下。考慮到這十年間有原油市場漲跌以及金融

第1部 股市篇

海嘯，但是這間公司獲利非常穩定，可見受到景氣的影響不大，相對之下，是比較適用本益比的。

　　由圖1-2可以看到中華電信的股價變化不大，比較重要的原因就是它的20倍本益比跟10倍本益比都很穩定地在一個區間震盪，因此可以發現若在民國92～95年間本益比靠近10倍時買入，在97年股價衝到20倍本益比時先賣出，就能有50％的資本利得，另外還會有每年公司配發的現金及股票股利。之後如果在98、99年本益比靠近10倍時再買回，之後又會有超過50％的資本利得。相對之下，類似中華電信這樣的穩定公司，就比較適合使用本益比操作。

圖1-2　中華電信的月收盤價走勢圖

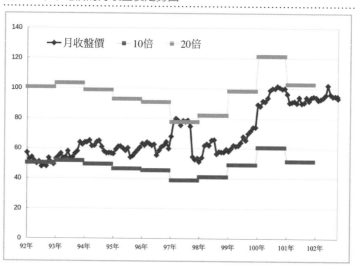

　　從以上兩個不同的例子可以知道，若想要使用本益比，首要應先找出公司過去十年的EPS，然後檢查公司的屬性，

是屬於穩定型的還是波動型？若是穩定型的公司就是低買高賣，適合一般的投資人來操作；若是波動型，本益比就只是拿來判斷市場的看法，需要追高殺低來操作，比較適合作為專業投資人的標的。因此，投資前仍應先了解自己的操作屬性，再來選擇符合自己的標的就可以了。

## 基本面04
## 景氣循環：看不到燕子才要進場

　　台積電是台灣市值最大的公司，因此每年的法說會都受到法人圈的矚目。2000年2月，台積電股價最高來到222元，網路泡沫讓股價一路下跌到年底的74.5元，之後股價出現一波反彈到105元後就轉為盤整格局。等到2001年4月時，台積電董事長張忠謀在法說會上提到「他看到春天的燕子回來了」，也就是用燕子來表示景氣即將復甦，讓市場大為振奮，因為最大的公司都轉為樂觀，那麼市場一定是已經見到底部。不過誰也沒想到，2001年9月11日，美國發生了恐怖攻擊事件，讓全球股市都出現大地震，也讓台積電的股價從除權後的66元下跌到43.6元——這才見到最低點。

　　圖1-3是台積電在2001年的走勢圖，可以看到張董事長看到燕子之後，股價盤整了快半年，之後遇到911事件股價又多修正了三成。不過之後果然是出現了一波行情，股價從43.6元漲到2002年3月的97.5元，漲幅超過一倍。我們可以說：張董事長的確有看到燕子，只不過被911事件影響了。

**圖1-3 2001年台積電日線走勢圖**

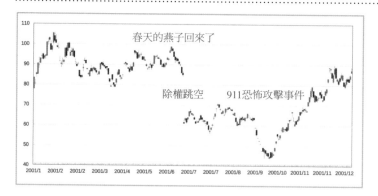

雖然遇到了911事件，不過由於之後景氣果然好轉，股價也來到了將近100元。但不久後景氣又再度轉弱，讓台積電股價又再度下跌，在2002年7月25日的台積電法說會上，張忠謀說「落花時節又逢君」來表達對景氣的悲觀，讓市場大為震撼。由於上一次的春燕預測準確，因此這次市場就出現恐慌賣出的氣氛，讓台積電的股價在已經下跌四成的情況下再度下跌了四成之多。

**圖1-4 2002年台積電日線走勢圖**

上面兩個情況，第一次張董發表樂觀的看法，結果雖然正確，不過太早提出。投資人不但因此得忍受半年的盤整煎熬，撐下去的也在之後碰到911事件時被洗出場。第二次張董發表悲觀的看法，不過這次又太晚，在股價已經下跌四成的情況下，投資人是很難自斷手腳的。

不過有時候如果景氣變化太快，那麼就連全球最大的半導體產業也會看不清楚。像是在金融海嘯時，台積電股價從69.8元下跌到36.4元，將近腰斬。之後在2009年1月13日，張忠謀又提到：「景氣春燕歸期看不清」，以表達對市場的悲觀。但是才隔一個月，在2009年2月24日時，張忠謀又說：「半導體景氣現在差不多就是谷底了，半導體景氣呈微揚L型復甦」，對於市場的態度又轉為樂觀。會出現這樣的轉向。是因為那時候全球景氣快速變化這麼快，因此才會造成這樣的結果。

而且之後的景氣也不是L型復甦，沒人想得到在美國大量印鈔票的情況下，景氣是直接轉為V型復甦，讓台積電的股價從低點36.4元一口氣漲回65.2元，漲幅將近有一倍之多。所以有時候景氣循環會出乎所有的人意料之外。

圖1-5是台積電從2002～2012年的還權走勢圖，從圖中可以發現2002年是長線的最低點，如果那時候沒有出場的投資人，持有到2013年就會有300～600%的可觀報酬率，在金融海嘯時如果再進場，報酬率也會有200～300%之多，所以若只看短線變化，那麼往往會忽略長線投資價值。

**圖1-5** 2002-2012年台積電週線還權走勢圖

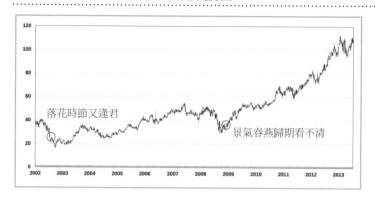

## 董事長呼籲，不用太在意

除了台積電張董事長之外，許多公司的領導人也常常會發表對於景氣的看法，基本上都會有一些共通點：

公司董事長的看法就算準，

不過有時候會太快，有時候卻是會太慢。

公司董事長的看法只是就他當下所得到的數據，所以數據一變，他的看法也會變。

市場的景氣如果變化太快，那麼往往都會出現意外的結果。

因此未來在面對這些公司領導人的發言及看法時，有時候不用太反應過度，要站在他們的角度思考，先了解他們看到什麼現象？以及他們對於這樣看法的時間跨度有多久？是短期還是中長期？之後，投資者再來調整自己的投資策略即可。不然，一味地被公司領導人的看法影響自己的策略，往

往很容易吃虧。

有個觀念可以與讀者分享，燕子以昆蟲為食，在秋冬時節，北方的氣候特別寒冷，昆蟲數量變少，燕子為求生存，所以就會往溫暖的南方移動；等到春天回暖時，燕子才會又回到北方去築巢，所以「看到燕子」就是春天的象徵。不過這是站在北方的角度看，若在南方的角度，剛好相反，看到燕子時反而是「冬天要來了」！

因此看到燕子到底是好是壞，往往是因地區而異。投資市場也一樣，在股票市場的寒冬，卻可能是債券市場或是原物料的春天，只要將眼光放遠，那麼到處都會有春天。

## 基本面05
## 經營者觀察：老闆喊話有效嗎？

許多時候我們會聽到公司的領導人出來為股價叫屈。由於公司領導人是了解公司的人之一，因此大眾往往會認為當老闆出來說股票太便宜時，可能就是最好的買點；不過從過去經驗來看，卻不是每次都準確。有時候老闆說股價太便宜之後，股價卻還是腰斬，甚至又繼續下跌個一兩年。這種時候投資人就會很納悶，怎麼連公司的領導人都會看錯呢？這有兩種可能。

### 公司領導者真的了解自己的公司嗎？

公司的領導人雖然可以看到所有的第一手資訊，包括公

司的產品原料成本、每個月的訂單變化、公司的財務數據以及最好的產業分析資料。但是影響公司的因素還有許多，一般人無法預知，譬如全球景氣的變化、貨幣政策的調整、產業結構的改變以及政府政策的方向；除了公司外部的影響之外，公司內部的影響包括人事的異動、員工的工作效率以及公司政策的失誤等，也會影響公司的表現，這些可能也會出乎老闆的預料（尤其是愈大的公司愈明顯）。

舉例來說，像是政府應該是最了解國家狀況的單位，但是政府的政策有時候也會失效，對於國家的景氣也容易判斷錯誤。此全球最大央行FED為例，理論上來說，FED應該最了解全球貨幣或是景氣狀況，但是長期看下來，發現也常常失誤並且需要持續調整。

由此可知，大公司的領導人雖然資訊很多，但遺漏的資訊更多。我們不能一昧地認定老闆講的話就是明牌，甚至要對於老闆的判斷打問號，並且持續求證才行。

## 了解公司就能了解股價？

有時候我們會聽到內線，知道一間公司下個月的營收會創新高，就把這個消息當作是股價的利多，然後就進場大買，認為消息一出來就會大賺一筆。但有時候卻出現意外的結果：明明消息很準確，公司營收的確創下新高，但是它的股價卻出現重挫。這樣的結果會讓投資人無法置信，為什麼公司表現這麼好，股價卻是反向的發展？

股票投資有兩種方向：一種是參與公司的營運，買入股票後等待公司每年配發盈餘。因此公司表現好，回報就會愈來愈好；另一種是買入股票後，期待用更高的價格賣出，目標是賺進價差，無論持有多久，都是屬於投機型的投資。因為影響公司股價的因素，不但和公司本身的表現有關，還連結整體產業的發展、股票市場的熱度、全球貨幣的移動以及股票的籌碼變化。因此雖然公司的營收創下新高，但是當天大盤可能重挫，導致股價下跌；或是股票價格波動太大，被交易所將之列入警示股，導致市場賣壓湧現。所以如果投資人買入股票準備要「賣」，那就是在投機，不能只是考慮公司本身的表現。

因此，老闆喊話可能會有短期效果，但是中長期來看，由於老闆本身也無法掌握所有的資訊，加上公司的表現和股價漲跌有時候也不一定相關，所以中長期的股價方向，投資人也不需要對老闆的看法產生過度期待。

既然最了解公司的老闆講的話都無法當作明牌，那麼就要了解另一件更重要的事：像是來自分析師或是公司總經理的明牌，不準也是理所當然。更別提只聽營業員或是朋友的話，就認為股價應該要有所表現，這樣對於投資都沒有幫助。在未來的投資路上，無論是聽到任何消息或資訊，最重要的事就是先打問號，再靠自己審慎求證，才是投資的最佳選擇。

## CHAPTER 02 技術面屬於「今天」

**順勢／逆勢／型態／預測**
紀律，才是獲利的基本

　　台灣投資人對於技術面的研究非常認真，每個投資人學過的技術分析最少都超過五項。加上各大券商又不斷地熱心開設投資課程，因此隨便找個投資人來分享學過的技巧跟知識，可能都可以寫成一本書。

　　但是大多投資人還是處在虧損狀態，這並不是因為技術分析無效，也不是學的不夠多。阿斯匹靈認為只要是大家都聽過的技術分析，像是KD指標、移動平均線、量價理論、MACD 指標以及波浪理論等，每一樣都應該可以讓投資人穩健地獲利。

　　那麼為什麼投資人學了這麼多還是虧損呢？讓我們先回到大家剛進入投資市場時。

## 技術面01
## 學技術，怎麼還是不獲利？

　　假設一開始都不懂技術分析，投資人剛接觸時，應該只會挑一樣喜歡的理論來學習。由於只學一樣，那麼得到的結果應該如表2-1，只有多頭應該買進或者空頭應該賣出，兩種選擇。

**表2-1** 只學了一種技術分析，有兩種選擇。

| 技術 ＼ 情況 | 1 | 2 |
|---|---|---|
| A | 多 | 空 |

　　若以移動平均線為例，就是站上均線是多頭就買進，跌破均線是空頭就賣出，想當然爾此時的交易應該非常輕鬆。不過交易總是有賺有虧，因此過了一段時間，投資人就會想要再學一項技術分析，這樣的話績效應該會更好。

　　假設新學了KD指標：黃金交叉是多頭要買進、死亡交叉是空頭要賣出；這個時候會有四種結果：當均線跟KD指標都說要買進那就買進、當均線跟KD指標都說要賣出那就賣出。不過當均線說買進而KD指標說賣出、或是當均線說賣出而KD指標說買進，這樣一多一空的情況就會無法下單，如表2-2：

**表2-2** 學了兩種技術分析，有四種選擇

| 情況 ＼ 技術 | A | B |
|---|---|---|
| 1 | 多 | 多 |
| 2 | 多 | 空 |
| 3 | 空 | 多 |
| 4 | 空 | 空 |

學了兩種技術分析後，就只有一半的機會可以下單。不過投資人應該會比較高興，因為下單的次數變少，但是績效還是跟以前差不多，這是很不錯的進展。也由於績效沒有增加，應該不會因此而滿足，再來就會踏出學習技術分析中最危險的一步，也就是學習第三樣技術分析。

　　表2-3就是學了三樣技術分析的結果，這樣一來會有八種多空選項，其中能下單的情況只有兩種，其他六種則是多空不定。因為少數服從多數的原則，投資者也許會認為兩多一空則可以做多；但是如果作多後隔天股市大跌，就會責怪自己為什麼沒有注意到空方訊號，而讓自己對技術分析更加失望。

表2-3 學了三種技術分析，有八種選擇

| 情況＼技術 | A | B | C |
|:---:|:---:|:---:|:---:|
| 1 | 多 | 多 | 多 |
| 2 | 多 | 多 | 空 |
| 3 | 多 | 空 | 多 |
| 4 | 多 | 空 | 空 |
| 5 | 空 | 多 | 多 |
| 6 | 空 | 多 | 空 |
| 7 | 空 | 空 | 多 |
| 8 | 空 | 空 | 空 |

　　這時最好是捨棄一個不好用的技術分析，留下另外兩個，就會回到之前不錯的績效。

不過大多投資人都不會這樣做，大部分的人都會讓自己繼續學習第四項技術分析，那麼就會進入表2-4的選擇情況：

表2-4 學了四種技術分析，有16種選擇

| 情況 ＼ 技術 | A | B | C | D |
|---|---|---|---|---|
| 1 | 多 | 多 | 多 | 多 |
| 2 | 多 | 多 | 多 | 空 |
| 3 | 多 | 多 | 空 | 多 |
| 4 | 多 | 多 | 空 | 空 |
| 5 | 多 | 空 | 多 | 多 |
| 6 | 多 | 空 | 多 | 空 |
| 7 | 多 | 空 | 空 | 多 |
| 8 | 多 | 空 | 空 | 空 |
| 9 | 空 | 多 | 多 | 多 |
| 10 | 空 | 多 | 多 | 空 |
| 11 | 空 | 多 | 空 | 多 |
| 12 | 空 | 多 | 空 | 空 |
| 13 | 空 | 空 | 多 | 多 |
| 14 | 空 | 空 | 多 | 空 |
| 15 | 空 | 空 | 空 | 多 |
| 16 | 空 | 空 | 空 | 空 |

這時會發現：學了四項技術分析後，多空選項就變成了16種，能下單的機率只剩1/8，一年裡面可能只有一兩個月可以下單。投資人自己根本無法接受這樣的情況，但是又無

法回到當初只有兩個技術分析的時期，因此會進入多空不定的狀態。當初不是買進就是賣出的輕鬆交易已經不見了，取而代之的是每天驚慌失措，只好到處上網看文章或是看電視的分析師講解行情，但最後還是會胡亂下單，最後以虧損收場。而且還不知道虧損的原因在哪裡，只會開始認為技術分析是無用的。

若是再多學兩項，就會面臨64種結果，看到這樣的排列組合，投資人應該會眼花撩亂，但這就是學了太多技術分析問題。碰到這樣的情況，投資人應該開始化繁為減，持續淘汰實務上已被證明不好用的技術分析，直到只剩下兩種。之後再持續專精這兩項技術分析，就會發現獲利其實不難。

不過就算只有一兩項技術分析，想精通也不是簡單的事，因此阿斯匹靈把一些技術分析的學習要點分享給讀者，幫助大家突破技術分析盲點，這樣才能深入技術分析的核心，找到屬於自己的分析方式。

## 技術面02
## 哪種技術最有效？波浪好還是甘氏強？

曾經有投資朋友問我問題：到底哪種技術分析最有效？這個問題說難不難，說簡單也不那麼簡單，市面上大家如果想要學技術分析，從簡單的均線理論到複雜的甘氏理論都有。但是說要真的會用並且可以獲利，又是另外一回事。

技術分析可以大致分為以下幾類：

## 順勢指標

趨勢指標，就是當行情上漲時，指標就會愈來愈強；當行情下跌時，指標就會愈來愈弱。簡單地說，就是漲時說漲、跌時說跌，這是對於獲利最有效的指標，因為當出現大趨勢時，往往會帶來很可觀的利潤。

不過一般投資人卻最不喜歡這類指標，因為這類指標都是落後指標，而投資人通常只想能賣在最高點並且買在最低點，而總是忽略獲利與否的重要。

所以如果是真的想獲利的投資人，應該要好好鑽研順勢指標的使用方式，只要能夠找出一個適合自己的順勢指標，那麼恭喜你，你已經站在獲利的這邊了。

常見的順勢指標

➡ 趨勢線

➡ 移動平均線（MA）

➡ 指數平滑異同移動平均線（MACD）

➡ 趨向指標（DMI）

## 📑 逆勢指標

逆勢指標是大多投資人一開始就會喜愛的指標，因為這類型的指標會在高點出現賣出訊號，也會在低點出現買進訊號，簡單地說就是「高出低進」的策略，因為和投資人的習性很像，因此總是廣受投資人的喜愛。

但這樣的指標用久了就會發現，當市場出現大行情時，這樣的指標總會失靈，因而造成原本應該大賺的行情變成沒有賺、甚至大虧的局面。不過由於大行情久久才發生一次，因此健忘的投資人過一段時間後，又會開始使用逆勢指標來進行高出低進的交易。

如果只使用逆勢指標，基本上很難獲利，因此一定要先有擅長的順勢指標為主要的操作工具，再來學一個逆勢指標作為輔助，這樣就可以增進順勢指標的績效以及穩定度。

常見的逆勢指標

➡ 相對強弱指數（RSI）

➡ 隨機指標（KD）

➡ 威廉指標（W%R）

➡ 乖離率（Bias）

## 📑 型態指標

顧名思義，就是說股票的K線會有一個形狀，等形狀滿足一些條件之後，就可能會出現一波行情，基本上也算是有

效率的指標。不過由於出現的機會不多，加上要等待型態滿足可能要花一段時間，因此需要常常交易的投資人以及缺乏耐心的投資人很少使用。

另外，這種指標的好處是：如果判斷正確，將有機會獲得可觀利潤，看錯的風險相對較低。但是投資人不喜歡出現看錯的情況，因此只要虧損幾次就會棄之不用。

型態指標不但出現的次數很少，而且種類又多，可能以為是W底時，結果是變成頭肩底；或是本來是底部的型態，結果最後轉變為頭部的型態。所以在發動訊號還沒有出現前，型態的不確定性也很高。因此，耐心等待是型態指標很重要的因素。

常見的型態指標

➡ W 底、M 頭
➡ 頭肩底、頭肩頂
➡ 三角型收斂
➡ 楔型收斂
➡ 旗型收斂

📑 預測指標

因為人們最厭惡的就是「不確定性」，所以像是算命、卜卦及水晶球等預知未來的行業才會如此流行。投資也是，預測指標雖然本身不強調預測功能，不過其中的預測方式往

往受到投資人的喜愛。

不過這些指標有個特色，就是非常複雜，能夠精通的人非常有限。因此當失準時，投資人往往只會覺得是自己學藝不精，這樣下去不是半途而廢，就是陷入終身都在學習指標的窘境。

事實上，這些預測指標最重要的功能不是在預測未來，而是讓我們可以規劃未來。能夠善用這些指標的人必要的輔助動作就是——臨時備案，也就是當行情不如當初預測，那麼要如何因應？愈是優秀的交易者，所準備的臨時備案會愈完備。當我們思考過每種可能的行情以及因應方式後，基本上已經立於不敗之地。這就像是孫子兵法裡面所說的：「勝兵先勝而後求戰」，已經知道所有的可能未來再去動作，那麼當然容易獲利的。

常見的預測指標

➡ 費波那西數列（Fibonacci）

➡ 波浪理論（Wave Principle）

➡ 甘氏理論（Gann Theory）

除了以上的技術分析，市面上還有數以百種的技術分析；有些技術分析指標小有名氣，有些則是名不見經傳。沒有一個技術分析是最好的，也沒有一個技術分析是最差的，要看是否可以使用得當。

就像是去問華山派的武功比較好還是少林寺的武功比較厲害，事實上根本沒有絕對的答案。有位練功夫的武僧說過，他不怕會一萬種招式的人，因為這種人往往每一種都不熟，所以完全都沒有殺傷力。他最怕的是那種只會一招，卻練習超過一萬次的人，因為這種人通常已經熟能生巧，因此那一招也就幾乎沒有弱點。

所以無論是哪一個技術分析，只要能夠專心一意地使用，並且持續堅持不放棄，慢慢地就會找到專屬自己的交易方式。

## 技術面03
# KD 指標：黃金交叉能買嗎

KD 指標又稱隨機指標（Stochastic Line），是國人很常用的一項技術指標，甚至幾乎所有的看盤軟體都會有KD指標。這說明一件事：KD指標應該是能夠獲利的，不然看盤軟體怎麼不捨棄KD指標呢？不過，若問問大多數懂技術指標的人，是否可以單看KD指標就賺錢？大部分的人都認為KD指標不好用，無法單靠其指標而獲利。

不過，在市場上，大家雖然覺得KD指標無法獲利，卻又常常會參考它來操作。很矛盾嗎？其實在這裡，我要為KD指標說幾句話：它一定可以獲利，不然也不會出現在所有的看盤軟體裡。接下來，我想分享一下自己對於KD 指標的看法。

KD指標屬於震盪指標，也就是說假設指數是落在區間當中，因此KD指標最高的數值是100，最低的數值就是0，由於KD指標的參數通常都是9，因此股價在最近九天的表現就格外重要。當股價很靠近九天來的高點時，KD值就會持續往上走；相反地，如果股價靠近九天來的低點，股價就會持續往下走，如圖2-1與2-2：

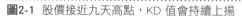

**圖2-1** 股價接近九天高點，KD 值會持續上揚

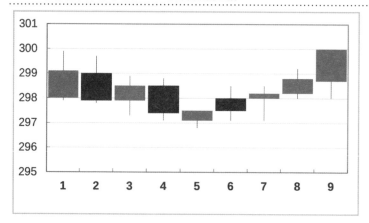

**圖2-2** 股價接近九天低點，KD 值會持續往下

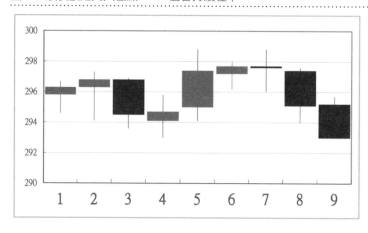

要使用KD指標就要先了解：「KD指標的假設就是大盤為區間整理」，不會有趨勢出現，因此以下三種情況是符合KD指標的假設。

## 盤整行情

盤整行情時，指數落在過去半年內的高低點之內，因此漲多就會回檔，跌深就會反彈，這時候KD指標只要靠近低檔就是買點，靠近高檔就是賣點。

**圖2-3** 盤整行情，KD 指標要這樣看

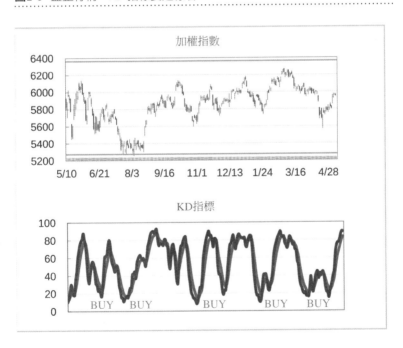

## 盤漲行情

指數每一次回檔都不會跌破前低，每一次上漲都會突破前高，只是漲的速度很慢，通常都會落在兩條趨勢線之中；這種時候由於是多頭行情，因此在沒有跌破前低的情況下，只要KD指標來到低檔區就是買點。由於是多頭走勢，因此沒有賣點。

圖2-4 盤漲行情，KD 指標要這樣看

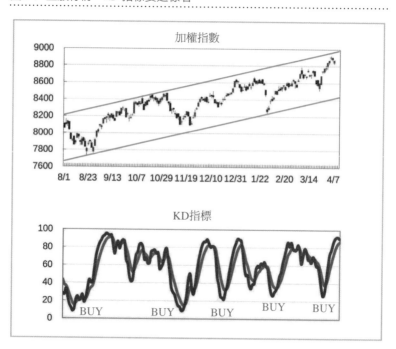

## 盤跌行情

指數每一次反彈都不會突破前高，每一次下跌都會跌破前低，只是跌的速度很慢，通常都會落在兩條趨勢線之中；這種時候由於是空頭行情，因此在沒有突破前高的情況下，

只要KD指標來到高檔區就是賣點。又因為是空頭走勢，因此沒有買點。

在以上三種情況下，可知買點不用等黃金交叉，當指數是多頭走勢時，KD指標一靠近低檔區就是多單可以分批進場的時刻。由於KD指標是同步指標，因此如果要等到KD指標出現黃金交叉的買點，往往都已經漲一段，行情也可能即將進入尾聲。所以重點在掌握大方向，先判斷是以上三種行情的哪一個之後，再來決定如何使用KD指標才是比較適當的作法。

**圖2-5** 盤跌行情時，KD 指標要這樣看

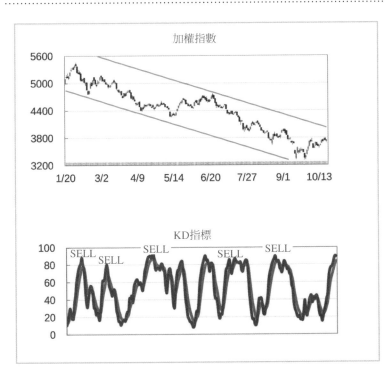

### 兩種特殊行情，影響KD功效！

❶ 多頭噴出

　　當指數創下過去一年來的高點時，很可能是進入了多頭的噴出行情，這種時候KD 指標就會持續維持在高檔不會往下，因此操作上要直接買進不等回檔。等到指數超過五天不再創新高，那麼就表示噴出行情差不多結束，多單也要準備出場。

........................................................................................

圖2-6　多頭噴出

........................................................................................

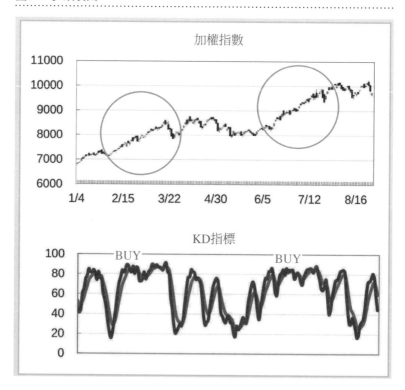

❷ 空頭噴出

　　當指數創下過去一年來的低點時，很可能是進入了空頭的噴出行情，這種時候KD指標就會持續維持在低檔不會往上，因此操作上要直接賣出、不等反彈。等到指數超過五天不再創新低，那麼就表示噴出行情差不多結束，空單也要準備出場。

圖2-7　空頭噴出

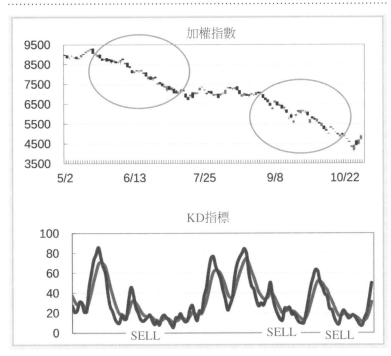

　　從以上兩大類的情況可以知道，判斷大盤目前的行情類型是最重要的！

不過行情永遠都在變化，這是重要的交易規則之一，所以要先衡量清楚風險後才能開始進場。另外，由於KD指標無法抓出精確的低點跟高點，因此操作上要有分批進場的概念。阿斯匹靈建議大家，將進場的資金分成五份，然後慢慢分批進場，就會發現這樣不但風險低，而且進場的成本也會比較好。

以上介紹的KD指標用法只是眾多用法的其中幾種。KD指標的使用方式超過百種以上，所以如果只是因為KD指標黃金交叉就買進，死亡交叉就賣出，那麼當然不容易獲利。因此我們只要能夠用心持續使用KD指標，並且好好觀察KD指標在各種行情下的變化，慢慢地就能了解KD指標的真諦，進而找到屬於自己的交易方式。

## 技術面04
. . . . . . . . . . . . . .
## 均線理論：沒教到的37.5日均線

均線也就是移動平均線（Moving Average，簡稱MA），其定義就是過去一段時間的股價平均。如果是20MA，就是過去20天的收盤價的加總再除以20就能得到，公式如下：

$$20MA = \frac{\Sigma \text{過去20天的股價}}{20}$$

國人常用的均線有5MA（週線）、10MA（10日線）、20MA（月線）、60MA（季線）、120MA（半年線）以及240MA（年線）等等，其中相對更重要的線就是月線、季線跟年線，這通常是判斷短、中、長多的關鍵均線，判定方式如表2-6。

**表2-6　均線與多空相互關係表**

| 均線情況 | 多空判斷 | 均線情況 | 多空判斷 |
|---|---|---|---|
| 指數 > 20MA | 短多 | 指數 < 20MA | 短空 |
| 20MA > 120MA | 中多 | 20MA < 120MA | 中空 |
| 120MA > 240MA | 長多 | 120MA < 240MA | 長空 |

## 真正的均線聖盃，很難找到

　　有人的月線會使用18MA、季線會使用55MA、年線會使用200MA等等，究竟是哪個數字的MA最好用，哪一條均線才是真正的聖盃？

　　我認為是37.5MA，或是79.36MA，但是這兩條均線大多人都算不出來。我用這兩個數字為例是要說明，若真的要找出一個最佳的數字，那麼就表示不夠了解均線。大多數的人對於均線的了解，還停留在「站上均線就買進」以及「跌破均線快賣出」的程度，因此就會使用程式去回測過去的績效，看看哪一條均線的獲利最大，就認為那是最佳均線，不過最後用這條均線能賺錢的人還是少之又少。這不是因為那

條均線不賺錢，而是使用的人沒有徹底了解均線的意義，才會在出現虧損時失去信心。均線既然是過去一段時間的平均價格，那麼換句話說均線就是投資人的平均成本，如果是20MA，那麼就是過去20天每天都買進的平均成本，了解這個道理之後，我們來看看不同情況跌破均線的意義有何不同。

##  噴出行情

指數持續創下新高，漲勢很快，市場就會愈來愈投機。大家都希望今天買進過幾天就要獲利，因此這種時候均線大多非常陡峭。而一旦跌破20MA，就表示過去20天買進的投資人大多都虧損，噴出行情結束。沒有再創新高之前都要保守看待。

圖2-8 噴出行情下的均線分析

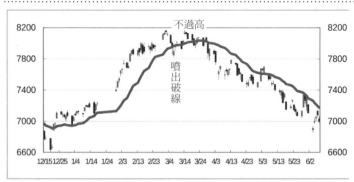

## 盤漲行情

　　指數緩步上漲，每次過高就準備回檔，每次回檔都不會破前低。大多數的投資人會低進高出，沒有跌破前低，投資人基本上會持續持有股票，所以這種時候均線會比較平緩。且大多數投資人會有低接的習慣，因此跌破均線往往是買點。不過如果破線之後又持續下殺，那就表示慣性改變，這樣之後如果沒有過高的話，還是要保守看待才行。

圖2-9　盤漲行情下的均線分析

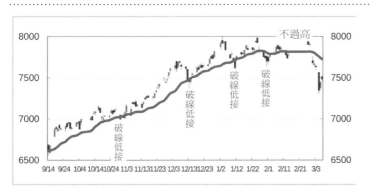

## 盤整行情

　　當大盤進入盤整行情時，指數都會落在過去半年的高低點之間，這種時候投資人進場意願不高，所以在指數沒有突破高點或是跌破低點之前，投資人都不太會進場，這種時候均線的意義就不大。要看到突破前波高點或是跌破前波低點，讓投資人開始進場之後，均線才會開始有意義。

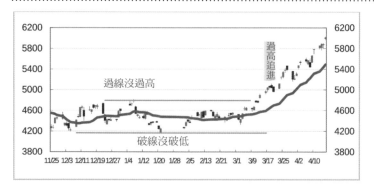

**圖2-10　盤整行情下的均線分析**

從以上三個例子可知，如果以為均線的用法只是站上均線買進或是跌破均線就賣出，那麼碰到盤整行情或是盤漲行情都會非常辛苦，根據不同行情來判斷破線的意義，才是均線的實際用法之一。

阿斯匹靈獨家觀點

## 善用均線買進，大賺利多

### 四種均線買進時機

**❶ 站上均線**

最基本的買進方式，當收盤價大於均線時，就表示今天的股價讓大多數的人都獲利。既然能讓大家賺錢，那麼就屬於多頭的行情，因此是買進的訊號。

**❷ 跌破均線**

有時候股票漲勢太強，投資人不敢追高；此時，均線附近就是可以參考的回檔買進點。當股價回檔到均線附近時，就表示目前來到成本附近，賣壓會減輕，因此也可以買進。

**❸** 黃金交叉

當短期的均線剛剛突破長期的均線時，表示短線的平均成本已經大於長線的成本，這就表示近期的股價都能讓長期買進的人獲利，因此屬於中長期的多頭趨勢，所以是買進的訊號。

**❹** 死亡交叉

這個觀念和回檔買進類似，當股價漲多時，長期投資人就不敢買進；因此當短期成本小於長期成本時，長線投資人就會開始進場買進。

前面的買進時機可能讓大家疑惑，怎麼突破也要買、跌破也要買、黃金交叉買、死亡交叉也照買……這樣不就整天都在買？其實股價能夠成交，就是因為每個點位可以是買點、也可以是賣點。如果有一天跌破均線大家都要賣，那麼就不會有人成交了，至於實際上為什麼會這樣，我用圖2-11說明。

**圖2-11** 影響買進最大的關鍵是週期！

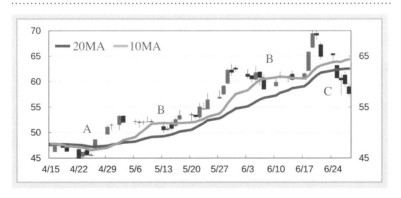

圖2-11是某檔股票的走勢圖，其中灰色線是10日移動平均線，深色線是20日移動平均線，其中有三個關鍵的點位：

❶ 股價以長紅站上20MA，讓過去20天買進的人都獲利，是最早的買進訊號；

❷ 第一時間沒有買到或是買太少，又不想追高時，就要等股價回檔靠近月線的買點。最明確的訊號就是跌破10MA，這是中繼的買點或是加碼點，一共有兩次機會；

❸ 最後當股價收盤跌破20MA時，無論是何時進場的部位，都要直接出場。

所以從以上的例子可知，是要突破買進還是跌破買進，最大的關鍵就是週期。當跌破短期均線讓短線的人準備賣出時，可能是剛好中期的人等待的回檔買點，因此才會說無論是什麼價格都會有人想要交易。市場上的每個投資人的週期大多不太一樣，一個人的買點可能就是另一個人的賣點，這中間沒有誰對誰錯，在交易當中我們只要對自己負責就行了。

## 技術面05
## 量價分析：量價背離才會漲不停

量價分析是技術分析裡的重要方法，有句話許多人朗朗上口：「新手看價、高手看量、老手看籌碼」，也就是說

如果清楚價格的方向，那麼應該已經及格；如果又能夠看得懂成交量能的變化，就可以掌握主力或法人進出貨的動向，交易的功力也就能夠再上一層樓。而根據阿斯匹靈過去的經驗，量價關係可以概分為九種組合：

## 量價九組合

❶ 量增價揚：標準的多方格局，確認多頭的最有效訊號。隨著成交量的放大，股價也持續上漲，表示市場追價的意願非常高，是多頭的格局。

❷ 量平價揚：多方續漲的格局，成交量維持不變，表示市場維持一定的熱度，而且多方也願意持續用更高的價格買進，是多頭延續的行情。

❸ 量增價平：高檔換手的情況，由於漲幅已高，因此原本的多方想要出場、而新的多方持續進場所造成的結果。只要再突破高點，就是換手成功的多方格局。

❹ 量縮價揚：量價背離的情況，雖然價格持續走高，不過成交量持續下滑，表示對於高漲的價格，市場交易的意願已經愈來愈低，因此可判斷多頭的風險持續升高。

❺ 量縮價跌：標準的空頭格局，是確認空頭的最有效訊號，由於市場交易的意願下滑，導致指數持續下跌，是空頭行情的結構。

❻ 量平價跌：空方續跌的格局，成交量維持不變，表示市場的交易意願變化不大，價格持續下跌表示市場仍然在等待合理的價格，是空頭延續的行情。

❼ 量縮價平：市場觀望的情況，價格沒有變動但是成交量持續下滑，表示市場觀望氣氛愈來愈重。要出現更低的價格才會讓買盤重新進場。

❽ 量增價跌：量價背離的情況，價格雖然持續下跌，不過成交量卻持續增加，表示市場交易的意願上升，顯示價格已經進入買方可以接受的範圍，可以注意買進訊號。

❾ 量平價平：盤整的訊號，無論是價格還是成交量都變化不大，表示市場在等待多方或空方的訊號，要有突破高點或是跌破低點的訊號出現才能進場。

圖2-12即是模擬以上情況所得到的量價關係圖，也可以參考表2-7的量價矩陣。不過實際情況仍然會有許多變數，因此投資人還是要了解量價關係背後的意義，這樣以後遇到不同的情況，才能做出適當的判斷跟分析。

**圖2-12 量價關係示意圖**

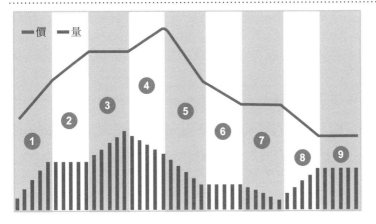

　　這九種情況只是基本的情況，實際上還有多種變化。人們總認為量價關係非常複雜，而如果只看量價關係的結果的確如此。不過如果能夠了解量價關係的背後原理，就可以了解量跟價的相互影響。

**表2-7 量價矩陣表**

| 量價關係 | 價揚 | 價平 | 價跌 |
|---|---|---|---|
| 量增 | 多頭 | 換手 | 背離 |
| 量平 | 續漲 | 盤整 | 續跌 |
| 量縮 | 背離 | 觀望 | 空頭 |

## 📑 先看量再看價，釀成三結果

　　就像是市場上常常會碰到量價背離的情況，如果按照量價關係的分析來看，都會是偏空看待；不過許多投資人因為看到量價背離就賣出手中股票或是進場放空，最後導致被

軋空手或是軋空，這就是誤用量價背離的結果。量價背離雖然不是健全的多方結構，不過仍然是多頭格局，所以，雖然「量」已經出現問題，不過還沒有轉弱之前，是不用去偏空看待的。

所以量價關係的重點就是先看「量」再看「價」，如果不看價格，只單看成交量的變化，那麼就能更清楚了解量價關係的重點。只看成交量的話就只會有三種結果：

## 成交量上升

市場交易意願增加，如果市場漲多的話就要提防高點出現，如果市場跌多的話，就可能會出現低點了。

## 成交量持平

市場沒有變化，因此會延續之前的行情。多頭持續上漲，空頭也會持續下跌，盤整行情當然也無需期待。

## 成交量下滑

市場交易意願降低，交易量低落；雖然也會延續之前的行情，不過市場的波動會變得更小。也就是說，多頭會續漲、但漲更慢，空頭會續跌、但是跌更慢，盤整行情也因此更加沒有變化。

## 📑 成交量上升？該怎麼定義？

就成交量進行分析，可以看到只有上面三種情形，不過這裡仍有一個關鍵因素需要解決：那就是到底怎麼樣才算是「成交量上升」呢？

這也是為什麼阿斯匹靈一直跟投資人說要化繁為簡，因為光是單純討論「成交量上升」，就會出現很多種答案：

➡ 今天成交量創5天來的新高。

➡ 今天成交量創20天來的新高。

➡ 今天成交量創60天來的新高。

➡ 5日均量大於20日的均量[1]。

➡ 20日均量大於60日的均量。

這些是許多「成交量上升」的定義，事實上總共會有超過百種以上的定義，因此當一個投資人說他覺得「成交量上升」時，跟我們心中想的很難完全一致。而且重點是每個定義基本上都是正確的，端看投資人需要怎樣的交易策略，才能決定出需要怎麼樣的「成交量上升」定義。

---

1　5日均量就是把最近五天的成交量加總之後除以5，其他均量也是相同方式計算。

阿斯匹靈這邊提供一組定義給大家參考，讓大家知道其實量價分析的使用方式比你想像的要多更多。


➡ 成交量增加定義：20日均量 > 60日均量
➡ 價格轉多頭定義：20日均線 > 60日均線


　　上面是一組量價的定義，基本上的變化是量價同步，也就是有量就有價，沒量就沒價，不過那是一般行情。如果是大行情，就會是特殊的情況，如下頁的圖2-13。

　　這是一場大多頭行情，從2003年4月的4044點漲到2004年3月的7135點，總共漲了2891點，上漲的幅度有69％之多，是標準的大行情走勢。

　　在圖中A處，20日均量是明顯大於60日均量，同時上方20日均價也大於60日的均價，這就是標準的量價齊揚的行情。不過之後在B時期，可以看到成交量開始下滑，20日均量已經開始小於60日的均量，正常的情況下價格也要跟著下跌。不過可以看到20日均價還是大於60日的均價，這段期間就是市場說的量價背離的情況。

圖2-13　大多頭行情的量價關係示意圖

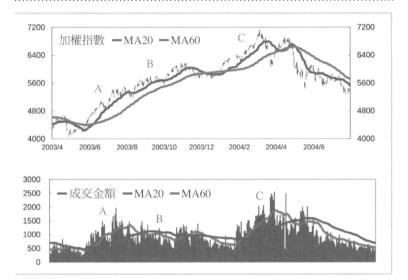

　　這種時候投資人大多會將多單出場或是進場放空，但可觀察到其實中間的修正並不多。之後來到C階段，成交量又再度明顯放大，價格也迅速跟上，這就是大家常說的補量再漲；最後等到2004年5月時成交量明顯下滑，股價這次就跟著出現一波修正。

　　從以上敘述我們可以看到市場無法了解到B時期為何可以持續上漲，以至於無法抓住C階段的大行情；更慘的是還去去放空的投資人，最後以停損收場。

　　事實上，我們可以將三階段更正確地分析：

A 時期：成交量放大，價格上升，表示主力持續進場
　　　　作多台股。

B 時期：成交量下滑，價格仍然上升，表示之前作多的
　　　　主力沒有出場，多方行情持續當中。

C 時期：成交量放大，價格上升，市場交易熱度增加，
　　　　在A時期進場的主力準備獲利出場。

　　也就是說，如果是大多頭行情，那麼在第一次的量增價揚過後，雖然成交量會持續下滑，但是可以看到價格會持續上漲。這就表示主力已經買好股票，看準之後會有一波行情，因此不到目標區不會出場。等到第二次量價齊揚時，這次就要提防主力會趁機獲利出場了。

　　這樣看來，其實量價背離不一定會下跌，量價齊揚也不一定是好事，還是要客觀地分析整體的行情架構，才能了解量價背後的真正意義。

# 技術面06
## 遵守紀律：就可以賺得莫名奇妙

　　從以上幾節可以知道，技術分析大多是「落後」的指標，所以大多是漲時說漲、跌時就會說跌。不像基本面或是產業面，可以知道公司的產品線、遠景如何。譬如說，智慧型手機大賣，投資者可以知道製造觸控面板的公司會因此而

盈餘成長，進而股價跟著上漲。用基本面買股票的話，會有許多故事可以說，某種程度上會有踏實的感覺。

## 基本面難賺錢，有利多才有獲利

相對而言，如果股價大於過去20天的平均價格（月線），就要買進這檔可能不知道做什麼的股票；過幾天股價又小於過去20天的平均價格（月線），又要賣出這檔股票——大多投資人難以接受這樣的買賣方式，因為這樣幾乎就是投機行為，也是無法學好技術分析的主要原因之一。

我們先來看看以基本面投資：投資人看報紙或是雜誌知道某公司因為新產品即將上市，未來半年會很賺錢，因此而買進這檔股票，期望股價可以跟著上漲，然後獲利出場。這樣看似很有道理的動作，其實也是一場豪賭，為什麼？

因為既然期望股價可以上漲，那就表示之後還要有許多投資人進場買進這檔股票，這樣自己期許的股價上揚的事實才會發生。不過由於看到的消息都從報章雜誌來的，因此掌握的資訊也是所有人都知道的消息，會買的投資者應該都在類似的時間點買進。在大家都買進後，若沒有新的題材發生，就不會有新的投資人跟進，那麼股價不會上漲。

所以若是要賺錢，就表示過幾個月後，公司又會發送新的新聞：未來又有新的技術突破，公司盈餘會增加，這是之前沒想到的消息，所以會造成新的投資人買進，最後帶動股價上漲，才會因此而獲利。也就是說，其實不是因為一開始

知道的新聞跟題材賺錢，是因為之後的「意外」才賺錢。投資人賭的是公司未來還有更多的利多，這樣才會獲利。

某種程度上，如果投資人要透過大家都知道的基本面來賺錢，是不可能的事。有一些人可以用基本面賺錢，那是因為他們有一些機會，可以提前知道還沒有公開的資訊，所以他們先行買進；等到消息曝光，投資人就會開始進場，那時股價就會再度上漲，這些先知道消息的人就可以獲利出場。

## 遵守投資策略，才是獲利最大關鍵

從以上的敘述可以知道，希望透過股價上漲而獲利，必然是一種投機。所以無論是用基本面還是技術面都一樣，差別在於使用技術面的人知道自己是在投機，所以他們會知道自己的獲利是機率問題，而不是必然的結果。不過不了解基本面的投資人總是以為他們一定可以獲利，而不是一種投機，所以當風險發生時，往往就會遭受到嚴重損失。

因此在這裡要提醒一件事，除非買進之後沒有想要賣出股票，沒想利用股價的上漲來獲利，不然投資人進行的就一定是投機行為；既然是投機行為，就會是有賺、有賠的情況，虧損就會有如游泳會喝到水一般的必然了。

既然我們做的是投機行為，那麼設計一套好的投機模型，就是獲利的最大關鍵。我們不能因為心情好才買進，心情差就賣出，這樣的行為不是投機，而是邁向自我毀滅。因為當大家都心情好而買進時，主力就會趁機賣出手中的股

票；當大家因為心情差而賣出股票時，主力就會趁機逢低買進優質的股票。換句話說，透過了解市場情緒的變化，來賺取穩定的收益，這是主力最擅長的工夫。因此我們一定要避開情緒的干擾，而最佳的方式就是系統化策略操作。

## 📋 按表操課，莫名其妙就賺錢

系統化的策略操作就是把想要做的動作，用白紙黑字寫在紙上，然後訓練自己按照寫在這張紙上的策略進行投資。會馬上發現到，如果連自己所寫的策略都無法遵守，這樣就表示情緒的影響太過，使得自我控制的能力大幅下降。若有這樣的情形，首先要讓自己儘量遠離市場，少看新聞跟節目、少看報章雜誌、少看網路上的分析文章，直到有能力按照自己所設計的方式交易後，才慢慢地接觸市場。

如果已經訓練自己可以按表操課，不再受情緒影響，應該很快就會進入獲利的狀態。因為有能力控制自己，不再被主力影響情緒。

之後就會慢慢發現，買進時，沒有任何獲利的期望；賣出後，也沒有虧損的恐懼。在一買一賣當中，會有時候賺錢，有時候虧錢。但是幾個月下來，會看到帳戶績效一直在成長，過段時間，市場就會出現一次大行情，讓我們的績效大幅上升。這時若有人問到底是怎麼賺到這次的大行情，一定無法說出個所以然，會覺得賺得莫名奇妙，因為只是按表操課而已，而這就是獲利的最大關鍵原因了！

# 消息面屬於「明天」

**判斷消息真偽／篩選消息／參考舊聞**
「內線」到底可不可信？

　　投資人若認識公司內部人士，就會想問這些人，公司的未來是否有發展？甚至直接問可否買進公司股票？投資人也喜歡上網或是看電視，聽線上分析師講解行情，無非是為了可以得到一些自己不知道的消息，看看是否可以買進好的股票。最後，就算沒有內線消息，也沒有打聽到消息，只是看到報刊登載的消息，有時投資人也願意因此買進。這些消息對於投資來講，象徵什麼意義？

## 消息面01
## 狼來了還是三人成虎？

　　大家對「狼來了」的故事一定不陌生。有天，一名牧童沒事做，他忽然想到一個餿主意——騙村人羊群被狼襲擊。於是，村民做好萬全準備，上山對付狼。可是狼沒出現，反而還被牧童在旁哈哈大笑。村民七竅生煙地離開了。

### 📄 真消息變假消息 ▶ 每天都是狼來了！

　　牧童引以為樂，又再一次欺騙村民，宣稱「狼又來了！」村民就又再度群集上山準備對付狼，可是狼依舊沒有出現。

直到有一天，狼真的來了，牧童大叫：「狼真的來了，快點來救羊啊！」可是全部的村民以為牧童在說謊，沒有去救羊。最後牧童失去了所有綿羊，淚如雨下地大哭起來。自此以後，沒有村民相信他說的話了。

這樣的故事聽起來似乎有點愚蠢，怎麼會有人做這樣的事？不過現實生活上卻是一再發生。許多投資人在看消息時，看第一次就相信去買股票，然後虧損；第二次看到消息又去買股票，可能又會再度虧損。那麼當投資人看到第三次時，就不會相信那是真的。但也可能就這麼剛好，那則消息就是飆股的依據，讓這位投資人白白錯失了獲利的良機。

或是相反的情形，投資人可能持有不少股票，看到第一位分析師說股市會大跌，因此開始恐慌賣掉了手中的股票；結果分析師看錯，股市又繼續上漲，又再度買回股票。過一陣子，又看到另一位分析師說股市一定會崩盤，這次又恐慌了，還是賣掉手中的股票；結果股票又再度上漲，等到二度買回股票時，相信不論分析師說什麼，被折騰過幾次的投資人應該都沒有感覺──但就這麼巧，股市真的重挫，滿手股票的投資人於是又遭受嚴重損失。從此以後，對消息面都是半信半疑。

## 假消息變真消息

再說另一個大家耳熟能詳的故事，戰國時代，各國互相攻伐，為了使大家真正能遵守信約，國與國之間通常都將

王子交給對方作為人質。《戰國策‧魏策》記載：魏國大臣龐蔥，將要陪魏國王子到趙國去作人質，臨行前對魏王說：「現在有一人來說街市上出現了老虎，大王相信嗎？」魏王道：「我不相信！」

龐蔥說：「如果有第二個人說街市上出現了老虎，大王相信嗎？」魏王道：「我有些將信將疑了。」龐蔥又說：「如果有第三個人說街市上出現了老虎，大王相信嗎？」魏王道：「我當然會相信。」

龐蔥接著說：「街市上不會有老虎，這是很明顯的事，可是經過三個人一說，好像真的有老虎了。現在趙國國都邯鄲離魏國國都大梁，比這裡的街市遠了許多，議論我的人又不止三個。希望大王明察才好。」魏王道：「我知道。」於是龐蔥放心陪太子而去。

後來，魏王仍舊聽信讒言沒有再重用龐蔥。


「三人成虎」的故事在投資上也是持續發生，股市在剛開始上漲時，會有分析師出來看好大盤，建議買進。不過投資人在這時不一定買進；等到上漲一段時間後，分析師又會出來看好大盤，再度建議大家買進，不過投資人還是半信半疑；直到股市進入末升段，分析師第三次跟大家說股市會上漲，投資人這次就深信不疑地全面買進，因而幾乎都買在高點，遭到套牢。

## 在相信與懷疑之間遊蕩的信心

在股市當中，投資人聽到消息面時，一開始會像「狼來了」一樣，從相信到懷疑；後來又會像「三人成虎」一樣，從懷疑到相信。最後投資人已經不知道要相信什麼。

到後來甚至會懷疑自己，整天擔憂股市可能上漲，手中股票買不夠；買進股票之後，又成天擔憂股市可能下跌，讓自己的心情飽受消息面的影響。希望投資人在閱讀完本章後，可以脫離「狼來了」還有「三人成虎」的陰影，成為意志堅定的投資人，並且邁向獲利一族的行列。

## 消息面02
# 消息好就買進？好消息上報才要擔心

投資人喜歡看消息面操作，因此都愛看到好消息。基本上的操作模式是看到好消息買進，看到壞消息就賣出。因此買進股票之後，就期待自己手中的股票可以天天看到好消息；每天都會買報章雜誌，看看是否出現自己股票的好消息。如果沒有看到，就會看看是否有其他股票的好消息可以當做買進的參考。就這樣持續地追逐好消息，等到哪天忽然看到自己的股票出現壞消息時，便恐慌地賣出持股。

事實上，投資人可能從來沒有想過一件事：應該是要看到好消息賣出，或是看到壞消息買進，投資人一定會覺得不可思議，甚至會覺得這樣不就精神錯亂了嗎！

看到好消息買進符合人的思維模式，譬如看到新聞寫著「○○電上一季營收創下歷史新高」或是「○○光接到大廠訂單，今年盈餘將成長兩成」等等，看到這樣的消息怎麼不會令人興奮，怎麼不會想要買進呢！

　　不過當一個好消息出現時，投資人在興奮之餘，請先想一下，看到好消息而買進這張股票；同時，我們買到的股票就是另一個人在電腦前面賣出的股票。

　　如果認為看到好消息買進很正常，那麼賣股票的人在想什麼？難道賣股票的人都是精神錯亂嗎？還是說這些賣股票的人都是笨蛋，只有買進的人才聰明？

　　就是因為投資人喜愛看到好消息買進股票，因此有一些消息面比較靈通的人，他們總是能比投資人提前知道一些消息，因此他們會先行買進，等到消息上報，就會趁著投資人樂觀買進時，逢高趁機賣出手中的股票來獲取利潤。所以如果每次買進股票都思考一下，就不會被興奮給沖昏頭，能夠冷靜下來看待「好消息」。

　　以圖3-1為例，宏達電（2498）在2011/4/28的那天出現了歷史最高價1300之後，股價就開始一路下滑。

圖3-1 宏達電（2498）週線圖

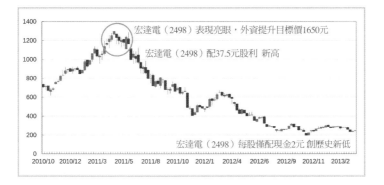

在此前一週，曾出現一則新聞：

**宏達電表現亮眼，外資提升目標價1650元**

　　看好宏達電未來三年的營運表現，外資提升宏達電目標價達1650元，超越之前預測的1600元，登上外資圈預測新高的寶座。（下略）

（《數位時代》，2011/04/22）

　　上面的新聞讓許多投資人心花怒放，不過在這時，可能很多人認為，如果因為這樣的消息買進，遭受損失的機率應該很高；結果在一週後出現真正的好消息：

> ### 宏達電配37.5元股利新高
>
> 宏達電（2498）昨召開董事會決議配發37.5元股利，包括37元現金、0.5元股票，股利創新高，並將發放84.92億元員工紅利，以宏達電目前全球員工約1.25萬人，約有6,000人可參與股票分紅，換算每位員工紅利達141.5萬元，居上市櫃公司之冠。（下略）
>
> （《蘋果日報》，2011/5/1）

在2011/4/28創下天價的隔兩天出現這則新聞，怎麼看都應該是好消息，不過當天的股價卻是一路下跌，最後以跌停作收。前面提到「正常的投資人」應該看到好消息都要買進，那麼當天大量賣出的人應該是「很不正常」的。

既然不正常，就該知道這些人看的不是這則新聞，而是之後可能會出現的壞消息。在這條消息後，宏達電就開始出現一連串的利空，讓股價持續下跌。

但這時投資人可能還無法痛定思痛，一直期待有天宏達電可以再回到自己買進的價位，讓自己安然出場。

不過情況總是事與願違，宏達電就從1300元的歷史天價一路下跌到200元附近才有止穩的訊號，之後則出現真正的利空消息：

> ### 宏達電每股僅配現金2元 創歷史新低
>
> 　　宏達電(2498-TW)公布股利政策，擬配發現金股利2元，總計發出16.6億元現金，較2011年40元大幅縮水，也創歷史新低，股利配發率僅9.9%。以4/30收盤價估算，現金殖利率更僅有0.66%，比定存利率還要低。（下略）
>
> 　　（《鉅亨網》，2013/5/1）

　　等到看到以上的新聞，投資人大多都心灰意冷了，不過這種時候再賣出宏達電也為時已晚。

　　上述是刻意挑選的例子，當然宏達電從277.5上漲到1300的過程中也持續出現利多消息，從1300下跌到191的過程中也是一路都有利空；所以不是看到利多就要賣出，也不是看到利空就要買進，重點在於對於好消息上報，我們應該要從過去的興奮轉為擔憂。因為當利多見報，如果之後沒有更大的利多來支撐，股價往往就會見到高點。除非利多過後股價還能夠維持多頭走勢，那麼就表示後面是還有行情可以期待的。

## 消息面03
## 怎麼解讀消息？築夢大賽不關你的事

　　我們在看報章雜誌時，常常會看到公司的發言人或是分析師對投資大眾大談公司的未來遠景，譬如：「下半年新產品將問世，將替公司帶來更強勁的成長。」「公司訂單應接不暇，明年將挑戰50％的成長率。」「產品報價持續上升，公司獲利明年將出現大爆發。」

　　諸如此類，都是在媒體上常見的用語，只要是講到未來的遠景，一定會出現許多不具體的情感形容詞，舉凡強勁的、大幅的、爆炸性、跳躍性等等，都是常見的辭彙。因為如果只是平鋪直敘地敘述公司的未來，如「公司明年成長率預估將從目前的23.2％上升到31.3％」或「公司明年將有比今年多一些的訂單，可為公司增加收益」，上述的敘述應該會讓投資人很快就跳過不看。因此報章雜誌為求可看性，都必須加油添醋。

### 用股價淨值比評估

　　一間公司剛開始從底部起漲時，由於市場接受度不高，所以都會理性看待這間公司，因此買進公司的依據就會先用股價淨值比來評估。股價淨值比即是股價跟公司的淨值比較，這時候的投資人都希望可以買到比淨值還低的價格，也就是股價淨值比小於1的股票。因為投資人會認為公司若這

時候清算的話，「最起碼」的價值就是淨值。

不過淨值數字也不一定安全，因為每年持續虧損的公司有可能不但不清算，而且還會繼續經營，因此淨值每年降低。所以，單單評估淨值仍舊有一定的風險，不過相對之下，已經算是比較保守的評價方式。

等到公司再上漲一段時間後，公司的營收慢慢好轉，也開始出現盈餘了，不再是面臨虧損的情況，投資人就會開始對這間公司有點信心；此時就會用正常一點的態度來看這間公司，評價公司的依據也會從「股價淨值比」轉為「本益比」，也就是用股價跟公司的每股稅後純益來比較，簡單地說，就是用公司的獲利來比較。

## 用本益比評估

假設本益比為10，就是股價是公司獲利的10倍，表示只要持有這間公司10年，就可以將本錢賺回來。這種時候已經是從預期公司未來都是虧損的情況，轉為預期公司每年都可以穩定獲利的時期，而且隨著公司股價上升以及獲利的成長，投資人對這間公司的信心也會愈來愈高，本益比的接受程度也會從10倍上升到20倍以上，已經算是比較樂觀的評價方式。

公司在經過前兩段時期之後，投資人已經從保守的「股價淨值比」轉為樂觀的高「本益比」的情況，這種時候公司只要發出一點利多消息，投資人就會蜂擁而上地買進，讓公

司的股價扶搖直上。當然公司非常樂見其成，因此不但會經常放出好消息，還會開始「創造」好消息，向投資人大眾宣傳公司的未來成長性，讓投資人獲知公司的未來前景有多美好，多爆炸性的成長，讓原本股價在30倍本益比的高風險區跳脫到下一個階段，也就是「本夢比」。

## ▍用本夢比評估

本夢比即是用未來的成長性來估計股價的方式，這種時候就沒有所謂的合理價值，只要市場願意接受公司或分析師所講述的未來，那麼股價就會持續飆升，完全沒有底限。當公司的股價已經進入「本夢比」的階段，這種時候連公司的內部高層人員也會覺得不可思議，覺得自己的公司怎麼可能值這麼高的價格，因此會開始持續申讓手中的股票。不過投資人此時已經進入不理性的階段，也看不進任何警訊，當然最後公司的股價就會變成泡沫。

圖3-2是群聯（8299）的週線圖，其中深色線是用當年的EPS所得出的20倍本益比的位置，淺色線則是淨值，可以看到在2006年出現一波本益比衝高的走勢；之後由於市場過度樂觀，讓群聯的股價衝破20倍本益比的上限，進入了本夢比的階段。這個階段完全是不理性的走勢，因此放空的投資人也會遭受損失。

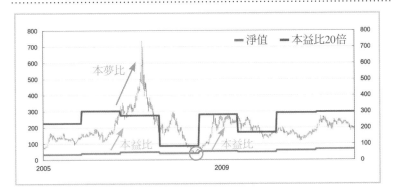

不過如果因為報章雜誌報導才在本夢比階段買進的投資者，若沒有風險意識，就會發現泡沫後的股價將出現很大的修正，之後在2008年中時，群聯股價一度跌破淨值（圈圈的部分），顯示市場是比較悲觀的，之後才又進入本益比的行情。因此投資人是要提防本夢比的陷阱。

## 📑 投資有主見，不被未來夢想吸引

所以投資人在評價股票時，一定要有定見，堅持自己的評價模式或是交易規則，不受到市場消息的影響。

保守的投資人堅持使用「股價淨值比」，那麼永遠都可以找到好的股票並且等待便宜的價格買進，然後等到自己滿意的報酬率出現後再出場；樂觀一點的投資人可以用「本益比」來篩選股票，挑選公司營運具有成長性、但本益比在低檔的標的，等到股價上漲到預期的本益比之後，就可以安然出場；或是投機型的投資人，專門挑選最強勁的末升段來操

作，那麼具有「本夢比」的股票就是可以挑選的標的，只要控制好資金比重以及控管好風險，還是可以在高價買進並且賣到更高的價格，讓自己享受到短線獲利。

不過只要受到報章雜誌的影響，再加上利欲薰心，往往再怎麼保守與樂觀的投資人都會變得不理性。明明是操作「本夢比」的股票，卻期待可以長期持有，想搭上「未來爆炸性」的列車，完全沒有資金控管地壓下重注，因而再也無法控管好風險。最後等到公司的泡沫破掉，投資人看到手中的虧損時，才會再度驚醒自己是做了南柯一夢，但已經後悔莫及。

因此提醒投資人未來在看報章雜誌時，只要是跟公司的「未來」有關的報導或分析，都不要去理會，因為沒有一間公司或是分析師可以知道明天會發生什麼事，更不要說是遙遠的明年。因此看那些不負責的未來報導，對交易是百害而無一利，相信投資人之後只要略過這些未來報導，就可以避開「本夢比」的股票，進而可以專心在尋找屬於自己的操作標的。

## 消息面04
### 怎樣未卜先知？天線操盤法取得先機

許多投資人都想要知道內線消息，希望可以在消息沒有曝光前進場。不過有時候，所謂聽說的聽到的內線消息已經

是主力要出貨所放出來的消息，所以在資訊發達的現在，內線消息滿天飛，但有八成都是假的。這是因為大多數投資人都是看到黑影就開槍，所以主力就會刻意放出假消息來影響行情，投資人也會因為這樣而蒙受損失。

不過，或許投資人會說跟主力很熟、或是認識公司的總經理，所以消息一定是正確的。當年著名的「台鳳案」，台鳳公司董事長邀約十多位政商名流吃飯，跟這些人宣稱買了台鳳一定會賺，甚至還說虧錢的話通通算他的，這樣算不算是最強的內線呢？

相信大家都應該會跳進去買才對，甚至借錢去買台鳳都大有可能。不過人算不如天算，之後受到亞洲金融風暴的影響，台鳳的股價重挫，這些政商名流出現重大虧損後引發內鬨，因此把這件事情鬧上檯面，成為有名的「台鳳案」。

## 天線操盤，未卜先知

透過上面的例子，大家應該要有體認，內線仍然有很大的風險，所以如果想要靠內線消息來獲利，那麼還是要設定停損價格。不過阿斯匹靈要提供另外一個比內線消息還要有效的方式——天線操盤法，這也是讓大家可以未卜先知的有效方式。

天線操盤法是大多主力跟法人一定會用的方法，如果不知道天線操盤法的主力，其績效應該都不會太好。既然天線操盤法對法人跟主力這麼重要，自然在坊間不太會輕易流

傳，因為這樣主力的手腳就會被看破了，不過在資訊愈來愈發達的現在，早晚會被大家知道，而主力的操盤功夫也必須日新月異，所以這邊就把「天線操盤法」公諸於世。

顧名思義，就是要我們像天線一樣，每天都蒐集來自四面八方的資訊，過濾之後，找出最有效的資訊。基本上可以蒐集到的資訊很多種，大致可分成為幾類：

**❶ 過去的事實**

這樣的資訊每天都有，像是公司營收創新高、公司盈餘衰退三成、公司獲利大幅成長或是公司接到大單⋯⋯這些資訊都是事實沒錯，不過重點都是過去就發生了，而股價是在反應公司的未來。所以過去的事實早已反應在股價上，若想要因為這些過去的事實來獲利，就如同緣木求魚，因此這些資訊都可以略過不看。

**❷ 未來的分析**

許多公司會發表公司未來的遠景或發展，分析師因為職業需求，也常常要對公司提出未來的看法。無論公司多麼有誠信，或者分析師多麼認真地分析，沒有一個人可以對未來有十分把握，尤其是現在這個世界已經是地球村，美國聯準會的動作可能就會影響全球的經濟發展；歐洲國家的政策也會影響了亞洲經濟，這些國際的動作或是政策沒有人可以預

先知道，那麼當然他們所分析出來的未來可靠性就很低了，因此關於未來的「非真實」資訊也是略過不看為佳。

### ❸ 未來才會發生的事實

事實上，大部分的資訊中，前兩種資訊基本上就占了九成，因此如果都選擇過濾不看，會發現每天可以省下很多不必要的時間，可以專心在真正重要的第三種資訊——也就是未來才會發生的「事實」，譬如：年初會有年假、5月會有報稅季節、年底會有投信要作帳等等這些每年固定會發生的事，這些事件都對市場交易有一定的影響。

另外還可以蒐集如政經事件，政府的政策往往都會先行公布，都是要留意的；世貿展覽，每年的生技展、資訊展等展覽對於股價都有重大的影響，可以從世貿的網站上得知日期；個股行事曆，個股上市櫃、除權息還有停資券都可以事先得知，也需要特別留意；營收財報公布，營收跟財報公布的日期也是固定的，因此要事先做好準備。

有心的投資人都會持續留意第三種資訊。更重要的是，當這些我們早就知道的事情發生時，因為投資人就喜歡看當下的資訊，所以報章雜誌還是會大力報導。所以如果這些未來的事實屬於利多，等事實發生時，就會持續發布許多新聞。其他投資人也就會因為報導而買進，讓股價出現一波漲勢，而事前就已經知道的投資人就會趁機出場了。

所以，這些未來的事實有很大的效用，只要投資人持續過濾掉前面兩點的資訊，並且持續專注在這些未來的事實上，相信過段時間就會發現，若只留意這些有效的資訊時，股票的變化慢慢地就能夠在掌握中了。

**圖3-3　掌握未來發生的事實，可以成為獲利關鍵**

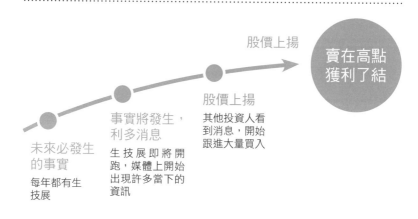

## 消息面05
## 消息是新的好？過期的新聞比較香

　　許多投資人在投資上非常認真，每天都看一份財經早報，每週看投資週刊，每個月還會再多看一本投資月刊。有時間的話，甚至還會自己上網蒐集相關資訊，比起在學校唸書時還要努力拚命許多。不過投資人一定非常納悶，為什麼已經這麼努力了，怎麼投資績效還是不見起色，甚至愈來愈差？因而開始懷疑起是否是投資天分不足，自己努力不夠，需要再更加努力？

## 📑 先想清楚自己要什麼樣的資訊？

事實上，台灣大多數投資人的努力都很夠，照正常的邏輯來看，如果拿這份努力去做其他事業，相信已經有很好的成就。假如是一個資訊工程師，而這個人每天都會閱讀資訊相關的知識，每週還會去買資訊週刊來看，每個月再去買月刊，有時間的話，還會上網蒐集資訊相關的知識，我相信這樣的人應該有機會成為很有成就的資訊工程師。老闆如果知道有這麼努力的員工，應該會大幅加薪！不過為什麼投資人一樣花這麼多的工夫在投資上，怎麼一點點的成就都拿不出來呢？

我們來思考一下資訊工程師的情況，他在一間公司工作，一定會需要相關知識，假設在網路工程的公司上班，那麼閱讀資訊週刊時，對於網路的相關知識一定會比設備硬體的相關知識還要有興趣。所以他在打開資訊週刊之前，早就知道自己想要的是什麼，所以會先看完網路相關的資訊，再看看有沒有其他可以輔助網路資訊的知識，因此在具有明確目標的前提下，只要愈努力看週刊或是上網蒐集知識，成就會更加明顯，這樣他的努力就會有意義。

反觀投資人在看報紙以及週刊時，在打開報紙或週刊之前，投資人請先想想自己到底想要看什麼樣的資訊。如果想要看總經數據，那麼就應該先看相關的消息；如果想要看產業報告，也會看到所需要的資訊。不過若在打開報紙及週刊

前，完全不知道自己想要什麼，那麼打開報紙可能就只是尋求一份刺激而已，因為只會看到那些聳動的新聞標題，內心情緒也會因此受影響。之後在交易時，就會特別容易受到股價波動的牽動，進而出現追高殺低的情況，這正是主力最希望看到散戶在做的事，也是主力跟法人們獲利的主要來源。

不過由於大多數的投資人都已經遭受過股市的驚濤駭浪影響，要讓自己看到驚悚標題而不被影響是很難的。因此阿斯匹靈提供讀者一個小技巧：下次翻閱媒體時，請先想想自己到底要看什麼樣的資訊？可以先用一張紙寫下來，再看看是否有符合的資訊出現，一一抄寫在紙上，這樣就會準確地蒐集到自己想要的知識。只要大家之後改用這個方式來努力看報紙跟週刊的話，保證功力會迅速大增！過期資訊可反推當時股市影響。


另外，還要記得一個關鍵：資訊跟消息過期後再看，也就是說，想要看財經報紙的話，那麼就等當天收盤後再看，這樣報紙的新聞就會變成舊聞；如果想要看週刊的話，就等下一次週刊出版時，再去看上一期的週刊，這樣大多的資訊也都會過期了。如果是想要看月刊，就是先買好月刊，等個兩三個月後，再回頭來看，這樣才能確保大多的消息也是過期的。

投資人一定會非常納悶，哪有人看過期的新聞？這樣不就沒有效了嗎？投資人看報紙週刊的期許，其實就是想要從

中得到可買進股票的資訊，不過最大的問題就是，投資人根本不了解要如何正確地看待報紙跟週刊提供的資訊。

在媒體上刊載的資訊，若說這檔股票非常強勁，主力看到其實是想要賣出；有時候寫這檔股票營收衰退，可是卻是主力買進的訊號；因此一樣是股票的利多消息，主力有時候會買進讓股票大漲，有時候卻會趁機大賣讓股票大跌，所以投資人往往會被消息面捉弄的一塌糊塗，不知道如何是好。

因此，如果投資人還是無法看清新聞背後的真相，那麼則需要重新學習，而學習的方式就是看過期的新聞。新聞既然是過期的，那麼就無法提供買賣的理由，因此就能夠用非常理性的態度來看待這則新聞，可以反推回去看這則過期的新聞對股價有什麼影響。為什麼明明是利多消息，股價竟然會跌了；怎麼明明是利空，股價卻上漲？在分析過期的新聞時，一點都不會被新聞所左右，所以會用特別的高度看新聞，完全看破那則新聞對股市的影響。之後若再出現類似的新聞，投資者就能有正確的反應了。

**圖3-4** 2001/2到2002/4的加權指數日線圖

圖中標記：911恐怖攻擊、突破

　　圖3-4就是2001/2到2002/4的加權指數日線圖，可以看到中間綠色標記處，就是發生美國911恐怖攻擊事件的時候，在那之前，台股是已經從6000點下跌到4000點，下跌了2000點之多，投資人可說是普遍面臨不少的損失，精神上都是非常脆弱的；突然美國本土發生了嚴重的恐怖攻擊，已經精神脆弱的投資大眾當然受不了這樣的打擊，恐慌地賣出手中持股，也讓台股跌破4000點的關卡，創下3411點的低點。

　　不過就在一個多禮拜後，指數就開始止穩，並且一路往上攀升。當指數突破了恐怖攻擊的高點時，就是很明確的多方訊號，表示沒有信心的投資人已經全數被洗出場，籌碼則是交到了中實戶以及主力的手中，因此台股就出現了一波3000點的大行情，漲幅將近一倍，可以說是難得的獲利機會。不過如果回到當時，相信大多投資人還是處於恐慌，很難克服心理障礙來買進股票。

上面的例子在台股方面其實時常發生，除了911，像是台灣的921大地震、319槍擊案或是日本311大海嘯等等，都是非常震撼的消息，相信當時持有股票的投資人，情緒的起伏一定非常大，要做出正確的投資並不容易，不過如果我們習慣去回顧這些過期新聞，慢慢就能夠了解每個新聞是怎樣的影響投資人的心情，又對股市有怎樣的影響。當然最重要的就是，我們未來遇到類似的新聞事件時，就能讓自己在市場過度興奮或恐慌時都能夠保持冷靜，因而做出正確的投資決策，這樣就可以化危機為轉機了。

## 消息面06
## 有消息就OK？其實只有兩種新聞會賺錢

大部分投資人的消息面來源都是「新聞」；如果不是新聞，那麼又多是小道消息，無論來自陌生人，還是從與大老闆聚餐聽到的消息，其實差異都不會太大，因為消息提供者絕對不會提出什麼保證。若真能保證賺錢，那麼消息提供者早就可以退休了，不是嗎？

就算消息面來源很可靠，大部分都能賺錢，但是誰又能保證這樣的消息可以永遠穩定地持續提供呢？哪天消息來源一旦消失，投資人往往會不知所措，不是自己開始亂投資，就是再尋找下一個可靠的消息來源，這都會讓投資不穩定。

## 📄 新聞分三類

所以，新聞還是算較為穩定的消息面來源。但如果嚴格定義，「新聞」指的是最新的資訊或是未來的資訊。事實上，從一般的財經報章雜誌中所得消息大概有三類：

### ❶ 舊聞

大部分的財經報章雜誌所提供的資訊，都是過去已經發生的事實。雖然這些過去發生的資訊刊上報章雜誌時，大多投資人才首次聽聞，不過其實有心人士早在提早數天甚至數週前就知道，因此這些都屬於舊聞。

諸如公司營收公布、公司接單狀況、新產品上市資訊，這些都是股市研究者或大戶都可提前知道的訊息，無法拿來判斷未來股價的變化，所以這些舊聞的功用是判斷過去的走勢。

### ❷ 假聞

另外在報章雜誌裡還有許多分析股票未來的走勢、判斷未來公司產業走向的資訊，這些只要資訊只要涉及談論未來，基本上都不是真的，因此沒有任何意義！

不過，投資人往往喜歡以這類分析報導來當作買賣股票的依據，所以在某些時候這些「假聞」也會影響股價。不過我們要了解，這些假聞實際上對股價的影響很有限，若假聞出現後有股價波動，那麼一定是反應之後的新聞，而不是針對假聞而反應。

### ❸ 新聞

　　真正的新聞，在報章雜誌裡面很少，因為這些資訊是未來才會發生的事實。因為股價總是在反應未來的事件，而且還會持續發生影響力，直到這些資訊變成舊聞為止。

　　不過這樣的資訊不多，可能要看好幾天才會有一兩則真實的新聞出現，所以彌足珍貴。但由於投資人往往都被大量的舊聞跟假聞迷惑，所以這些有效的新聞出現時，投資人不會特別注意，因此這些少量的新聞才顯得格外有價值。

## 📄 活的、死的新聞都有幫助

　　每天的消息面基本上都不外乎以上三種資訊，只要是真實的資訊，都會對投資有所幫助。「新聞」對於交易的幫助最大，因為那是活的資訊，投資人可以針對這些活的資訊來判斷股票價格的後市發展。

　　不過由於這類資訊未來才會發生，因此投資人一定要有屬於自己的股票行事曆，幫助自己記下重要訊息，以便在未來這些事件即將發生時，可以調整自己的投資部位。只要行事曆的資訊愈多，就表示投資人可以掌握未來大多事件，那麼市場的方向跟變化就不難規劃了。

　　另外舊聞也可以幫助投資人獲利，雖然這些資訊都已經「死了」，不如活的資訊有用，不過舊聞還是有個功效，就是可以觀察主力對於舊聞的態度。觀察舊聞發生時股價的變化，就能夠大概推估主力的心態。由於主力早就知道這些舊

聞會發生，因此往往當舊聞上報時，主力就會趁機出場。

　　舉個例子，假設主力提前幾週就知道某公司的營收會創新高，那麼主力就會先行買入這檔股票，等到營收創新高的消息上報之後，大多投資人就會看到好消息而買入這檔股票，主力就會趁機把手中的股票賣給這些投資人，賺取短線的價差利潤。

　　也就是說，看起來是好消息的舊聞，實際上是會讓股價下跌的。不過透過當時股價在舊聞發生時間點的變化，仍可以看出股票的可能。如下頁表3-1，這三種股票走勢，就代表了三個不一樣的公司發展。

　　當然股價針對消息面的走勢還有很多種，投資人只要先行了解消息是屬於舊聞還是新聞，再針對股價對於消息面的反應，就可以了解公司的未來發展，最重要的是，只要投資人未來不再被五花八門的消息面影響自己的心情，就能夠用理性的態度來看待每個消息面的影響跟股價的變化，進而就能夠反客為主，利用消息面來幫助自己的投資獲利。

表3-1 透過好消息釋出的時機與股價的相對變化，怎麼解讀公司前景？

| | A 公司前景看好 | B 公司變化不大 | C 公司未來堪憂 |
|---|---|---|---|
| 走勢圖 | A | B | C |
| 說明 | 股價在發布好消息之前就開始上漲，消息上報之後，股價也開始回檔，不過回檔的幅度不大，表示之前買進的主力沒有全部出場，顯示有些主力是認為公司的未來仍然還有好消息會發生，因此這樣的公司是可以樂觀看待的。 | 股價在發布好消息之前就開始上漲，不過漲幅不大，因此消息一上報後，股價是很快就回檔起漲點，表示之前買進的主力已經通通出場，公司的未來沒有進一步的好消息，因此股價自然是會打回原點。 | 股價在發布好消息之前就開始上漲，但是漲幅很小，結果明明是好消息上報，但是股價卻出現破底走勢，迅速跌破起漲點就表示不只是短線的主力出場，連中期的主力也趁好消息上報時出脫手中的股票，顯示未來這間公司是有可能出現更大的利空，因此要儘快避開才行。 |

第1部 股市篇

第2部 心態篇

第3部 基金篇

第4部 交易篇

第5部 聖盃篇

# 「未知」的籌碼面

**主力／法人／融資、融券**
新手看價、老手看線、高手看籌碼

投資股市時，若能知道主力的籌碼是最好的情況，因此許多投資人也花了不少的時間在這方面。不過籌碼面不是萬無一失，不然我們何必需要其他的分析技巧呢？要使用籌碼面之前，要先了解它的特色，才能好好地運用，基本上籌碼面會有三個特點。

## 籌碼面01
### 什麼叫籌碼？籌碼面的三特點

籌碼面就是主力趁著股價還在低檔時，在低檔持續進貨的關鍵數據，優點是可以不用等股價上漲之後才去追高。

### 📑 領先股價

不過，若用另一個角度來看，主力可能會領先股價太多，因為有時若干主力的布局會超乎想像，一看到主力進場大買了幾億元，可能想說應該一兩個月內股價就會有很大的漲幅。不過主力可能是在布局兩年後的行情，因此股價可能持續在低檔維持兩年。

事實上，若買進後如果股價無法立刻上漲，大多數的投

資人都會慢慢失去信心，因為不知道主力的葫蘆裡到底在賣什麼藥？因此有些布局太久的主力籌碼，相較之下是沒有意義的。

## 盤後才知道

如果是短線的主力籌碼，那麼當然買進後可能就會即刻上漲；但反過來看，既然是短線的主力，那麼當然也有可能說撤就撤。

另外，籌碼面的資料都是股市收盤後才會公布，因此等看到主力買進後，要等到隔天才能買進，買進之後盤中都無法得知主力的動向，若看到股價的波動總是會提心吊膽，因為要等到收盤後才知道主力是否又偷溜了；所以籌碼面總是會落後主力一步。

## 主力也會虧錢

另外，還有一點最重要的就是，主力也是人，如果主力每次買股票都能賺錢，那麼他們應該早退休了，不用那麼辛苦在操盤過日子。所以，即使知道主力買進，但股價仍然持續下跌。這時就要看主力是停損出場，還是凹單等回本？

若跟著主力進場後，也面臨套牢的狀況，投資人一定不知如何是好。其實，這時主力的心情也跟一般人一樣，所以雖然主力偶爾非常精準，不過大多數時，主力也跟一般人相同。因此，跟主力籌碼腳步時，還是得把風險擺在第一位！

但其實籌碼面也不是萬能的。雖然主力跟法人總是比一般散戶還要專業，不過如果把他們當神，那麼投資人可能就會大失所望了。

而且籌碼面還有一個最大的致命傷，就是無法控制風險，也就是說如果跟著主力籌碼進場卻不幸套牢了，就不知道會面臨多少虧損，因為主力也可能大虧出場。相信投資人應該不會想跟主力一起陣亡（偏偏這種事情時常會發生）所以籌碼面不能單獨拿來當作交易的工具，而是要拿來當作輔助我們交易的幫手，這樣才會有較好的效果。

一般最常見到的籌碼面數據有法人買賣超、融資券的增減、董監事的變化還有股權分散的情況，目前市面還有可以分析各券商進出的詳細資料，資料可說是愈來愈詳細。

不過阿斯匹靈認為資料愈細，穩定性愈差，由於上述的原因，籌碼面不是萬靈丹，因此以簡單的籌碼面來分析行情，就是最佳的方式，全球目前已經進入資訊爆炸的時代，化繁為簡是最重要的一門學問，因此阿斯匹靈會用最常見的籌碼面來幫助大家得到關鍵的資訊。

## 籌碼面02
## 法人有哪些？外資總是領先五步

法人雖然都擁有即時的資訊以及專業的分析人員，不過法人仍有不同類別，大致上是可以分成三種，也就是外資、

投信以及自營商，合稱是台股的三大法人，也是對台股影響最大的力量。因此，投資人對這三大法人的動向一定要有相當的研究。不過三大法人的習性都不盡相同，投資人要先了解其中的關鍵差別，對於日後分析三大法人的動向時，才能夠有正確的認知。

## 外資 ▶ 做長線為主

正確來說，外資還分成三類，即外國專業投資機構、境內外華僑及外國人。其中後兩者由於比重不高，因此大部分的人都將外資當作是外國專業投資機構。外國的專業投資機構就是全球各國的基金機構，負責把他們的資金投資在全球各地有投資機會的國家。

譬如說，當歐洲的德國或是美國的國內資金投資一檔亞洲的基金時，這檔基金的資金就會在亞洲尋找可以投資的標的，台灣當然是投資的其中一部分，因此這些國外的基金就會來台灣成立投資機構，並且尋找台股中可以投資的標的。不過國外的基金因為要投資整個亞洲，所以才會投資台灣，算是投資亞洲各國資金中的一部分，因此這些資金對於台股的短線變化並不會太過操心。另外，這些資金由於金額龐大，因此要確定中期的方向他們才會動作。

所以整體上來看，外資都是以半年到數年來當作操作週期，也就是說如果看到外資買進一檔股票8千萬，結果隔天

這檔股票大跌，這是合理的情況，因為外資不在意短線的股價走勢，隔天股價下跌仍然會繼續買進這檔股票。不過投資人可能就會認為外資為何「這麼不準」，這就是不了解外資操作習性的緣故。

但由於外資了解全球趨勢的變化，因此當國際出現某類產品的趨勢時，他們就會投資台灣的相關產業。但台灣本身可能還沒有跟上這樣的趨勢，因此反應總是慢半拍，不過只要情況沒有變化，外資的看法在幾個月後就會是正確的了，所以要知道外資的動作總是領先好幾步的。

因此，投資人要看外資的數據時，要先知道外資的操作週期大多較久。因此如果想要知道未來一週股價的變化，那麼外資的數據就不是我們所要關心的。另外由於外資是國外機構，因此投資台股時，大多會以大公司為主，也就是權值股才是外資的主要操作標的。所以如果是想要操作權值股，而且操作的週期會超過半年以上，那麼外資的資料才會是應該參考的資料。

## 📄 投信 ▶ 喜愛短線績效

投信，也就是本國投資信託基金，簡單的說就是台灣的基金公司，也就是投資人透過銀行理專或是壽險公司購買的基金，這些基金有的投資國內的台股，有的投資海外的商品，我們在台股盤後看到的投信買賣超，就是這些投資國內

為主的基金。

在台灣的投信公司，由於受到法令的限制，持股比重一定要超過70％，因此一旦投資人申購了基金，投信就必須拿超過七成的資金投入股市。簡單地說，決定投信買賣超的最大關鍵因素就是投資人的買賣基金。所以如果看到投信持續買超台股，其實那未必代表投信看多，而是投資人持續申購買進基金的關係。

另外，由於國內投信的基金大部分的申購族群都是台灣的投資人，而台灣的投資人多較注重短線績效，不像國外的基金是以長期的績效為主，因此造成投信總是以追求短期利潤為導向。加上投信資金沒有外資那麼多，因此投信是會以中小型類股為投資標的。

既然投信追求的是短線的績效，因此投信買超的族群在短線上的爆發性就會比外資好很多。考慮到這樣的差異，如果希望找到短線上的籌碼數據，投信買賣超是很好的參考指標。而且投信由於都是本土的金融圈內人士，因此消息面總是比外資來得靈通。對於股票的短線變化，投信也相對比較能夠掌握。

不過投信的獲利關鍵也是大賺小賠，因此一旦投信買進的標的出現虧損，也是會立即出場；等到投資的標的開始獲利，再持續加碼擴大戰果，因此對於投信買進的標的，仍然要有風險意識才行。

## 📑 自營商▶重視獲利

　　自營商就是證券自營商專戶，簡單的說就是證券公司拿公司的資金，請專業的股票研究員跟交易員來操作，由於外資跟投信都是屬於拿投資人的資金來操作，獲利可以得到更多的獎金，虧損則是沒有什麼損失，因此外資跟投信都是屬於追求利潤為導向。

　　相反地，自營商大多是公司拿自己的錢出來操作，所以相對於外資跟投信，會避免發生虧損。再加上目前證券公司的獲利來源有一半以上來自於股票自營部，因此自營部的績效會對公司的盈虧有很大的影響。

　　就因為自營商是操作公司自己的資金，因此膽子沒有外資跟投信那麼大，所以自營商大部分總是有獲利就趕緊出場，有虧損也會立即控制風險，也很難重壓一檔股票來提升操作的績效。另外，由於每間公司對於自營部的態度不同，因此每間自營商的操作手法也不盡相同，也造成自營商的操作沒有明顯的規律可言。

　　還要注意的是，自營商有些操作跟多空的方向無關，譬如權證的交易會用股票來避險，即若自營商發行的權證被投資人買走，那麼自營商為了規避風險就會同時買進一定比例的股票來平衡風險。

　　另外，自營商還會擔任股票期貨的造市者，造市者的功

用就是提供市場上的交易機會；當市場上有人買進一檔股票的股票期貨，自營商就會立即在現貨市場上買進同樣數量的股票來避險。除了權證跟股票期貨，自營商還有許多的交易模式都跟股票的漲跌無關，因此很多時候，自營商的進出無法提供多空參考。

透過上面的說明，投資人未來在觀察三大法人的進出時，要用不同的思考邏輯來應對。譬如，如果用外資數據做短線或用投信數據做中長線的操作，都是比較不恰當的作法。但有一種情況投資人可以多加留意，就是當三大法人同時買超同一檔股票，那就表示無論是短線、中線還是避險等各種原因，都同步看多，這些標的就可以當作投資人操作時的重要依據。

表4-1　三大法人特性比較表

|  | 資金來源 | 績效 | 習慣標的 |
| --- | --- | --- | --- |
| 外資 | 國外基金 | 長線 | 權值股 |
| 投信 | 國內基金 | 中短線 | 中小型類股 |
| 自營商 | 國內券商 | 中短線 | 不一定 |

## 籌碼面03
## 法人追高殺低怎獲利？

我們聽演講常常聽到有人說，投資人最常犯的錯誤就是追高殺低，事實上法人才是最常追高殺低的族群，而且法人也是靠著追高殺低在獲利。大家一定會覺得很納悶，為什麼

一般投資人追高殺低就會虧錢，法人追高殺低就會賺錢呢？

## 追高殺低，虧損多

　　一般投資人總是想要買在最低以及賣在最高，因此如果看到好股票、但是股價已經上漲一段，往往就不敢追高，總想要等待低接的機會。不過既然是好的股票，那麼股價就是易漲難跌，很少有回檔讓投資人低接的，所以投資人就只能眼睜睜地看著自己找到的好股票慢慢漲上去。股價愈漲，好消息就會愈多，投資人眼睜睜看到股價上漲愈來愈懊惱，等到股價漲到高點，市場上充斥著最多好消息時，此時投資人終於受不了而在最高點買進。

　　買進後，股價就開始下跌；不過由於之前股價持續上漲的印象還在投資人的腦海中，因此投資人就會持續等待反彈回本的機會。但這時候的股價只會持續下跌，好消息也慢慢變成壞消息。投資人由於無法斷然忍痛賣出手中持股，只能繼續看著股價下跌，直到股價跌到最低點附近，市場上就會充滿著壞消息，這時候投資人才會驚恐地賣出手中的股票。因此一開始最不想追高殺低的投資人，最後總是買在最高、賣在最低，那麼當然是虧損居多了。

　　等到投資人比較有經驗，雖然還是不敢追高，但是股價漲到最高時，這些有經驗的投資人也不會動搖，還是會持續等待低接的機會。可能很多時候會被這些投資人等到低點

進場的機會，然而，這些投資人一旦有獲利就會想要趕緊賣出，因為總是怕股價會大跌讓自己的獲利吐還市場，所以大部分時都是小賺出場。

然而，一旦股價出現空頭走勢時，這些投資人一定會低接到這些空頭走勢的股票；當然一旦開始虧損時，這些投資人都是不會賣出的，一定要等到反彈出現時才要賣出。雖然不會賣在最低點，但等到股價下跌一大段時候才出現反彈，這時候再賣出也為時已晚。因此這些投資人是偶而小賺，久久會大虧一次，長期下來還是以虧損收場。

## 風險控管好，依舊可追高

上面兩個投資人最後會虧損的關鍵原因就是「不敢追高」，會有這樣的恐懼是因為害怕虧損，但最後還是以虧損收場，深究其背後的原因就是因為投資人沒有斷然離開市場的決心。也就是說，當一檔股票已經不如預期、或是當初買進的原因已經消失時，就應該果決地賣出這檔股票。但是投資人總是認為手中的股票一定會漲，完全沒有想過下跌時的因應方式，因此一旦下跌時就會不知如何是好。也就是說，很多投資人其實缺乏風險控管的能力，因此當然無法執行「追高」的交易策略。

諸如外資、投信跟自營商等法人，雖然他們擁有許多高學歷研究員，也有最新的投資相關資訊，不過法人投資還是會常常面臨虧損。就像我們如果挑選到不好的基金，也是會

有大虧時；但是法人長期下來還是會戰勝散戶，其中的關鍵原因就是法人一定會有風險控管的機制，每檔股票最多能買多少資金，資金投入之後最多可以承受多少虧損，這些控管條件是在交易之前就已經訂好了，因此法人比較少出現大虧的情況，也因此法人可以執行追高的策略。

## 法人投資，追高可賣更高

法人雖然較一般投資人專業，也有比較即時的資訊，不過法人還是無法買在最低點，因為股價總是領先基本面很多步。然而法人一旦發現買進訊號，通常不太會等低接的時機，而是會直接買入。也就是說，一旦法人發現好的標的，便會直接追高。而且只要價格還在他們的買進範圍內，股價就算繼續上漲、法人仍然會繼續追高，而追高賣更高就是投資的獲利關鍵之一。

等股價到高點並開始反轉時，法人就會發現這檔股票出現賣出訊號，因此即使股價下跌，法人還是會果決地賣出手中的股票，一點都不害怕殺低，因為法人知道如果不殺低，之後還會更低，所以我們會看到法人總是在追高殺低，但是最後的結果都是大賺小賠，這就是控制風險下的結果。

因此如果想要依據法人的進出當作參考的依據，就要先知道法人並不是神，不是每次都會正確。法人獲利的關鍵是大賺小賠，賺的時候抱牢，虧損時立即出場，再加上資金控管以及分散持股才能得到穩定的績效。相較之下，一般投

資人的習性是小賺就想出場，虧損就想等回本，不會立即出掉。若維持這樣的投資散戶式習慣、又想以法人的動作進行操作，那麼是不容易獲利的。

　　圖4-1是宏達電在2010/4 ～ 2011/12 的走勢圖、以及法人的累積買賣超，可以很明顯地看到宏達電從400元左右一路上漲到1300元，這段期間法人都持續買進，直到見到高點之後開始反轉，法人才開始一路賣出，股價便又從1300元跌回400元左右。圖中可以大概看出法人一開始就勇敢追高，所以大部分都是買在700元以下；等到股價開始反轉後，法人也果決地持續殺低，因此都賣在700元之上，所以大多獲利出場。

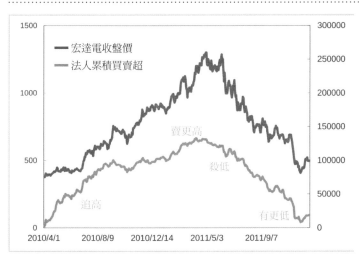

圖4-1　宏達電走勢圖以及法人累積買賣超（2010/4 ～2011/12）

從這張圖的例子可以知道，法人如果持續買超一檔股票，就表示這檔股票的多頭趨勢還在進行當中，這段期間投資人可以順勢跟著偏多操作；等到法人開始轉為賣出時，就表示這檔股票開始進入空頭修正時期，投資人就要保守地看待這檔股票了。

## 籌碼面04
## 融資不賺不行！借錢買股票

當投資人在證券商開戶一段時間，並且有一定數量的交易後，證券公司就會提供投資人開立信用帳戶的資格，也就是可以跟證券公司借錢買股票，這就是融資。

按照目前的規範，上市、櫃股票可融資六成，也就是如果融資買進100萬的股票，證券公司會借出60萬，投資人只要自己出40萬的資金即可，60萬就是「融資金額」，會每天公布在盤後的資訊當中。而這些融資的盈虧，往往會對大盤的多空有決定性的影響。

### 融資維持率

當投資人融資買進一檔股票後，就會出現一個數字，也就是融資維持率，假設投資人買進100元（市值10萬）的股票，自己出4萬，跟證券公司借6萬，證券公司為確保借出去的資金有足夠的安全性，就會計算投資人的融資維持率，公式如圖4-2。

圖4-2 融資維持率的計算方法

$$\frac{股票市值 \longrightarrow 10\ 萬}{融資餘額 \longrightarrow 6\ 萬} = 166.7\%$$

　　所以166.7%就是一開始買進股票時的融資維持率,如果股票價格下跌,融資維持率也會跟著下降。當股價從100元下跌到72元以下時,融資維持率就會下滑到120%以下,這個時候投資人就有2.8萬元的虧損,若再虧損1.2萬元就會虧光自己的資金;繼續虧損下去,就會虧到證券商借給投資人的資金。

　　因此證券商在融資維持率低於120%時,就會提醒投資人在補繳資金到股票戶頭,也就是俗稱的「催繳保證金」,假設股價下跌到70元時,投資人剩下的資金是1萬元,這個時候投資人必須補繳的保證金為:

$$7\ 萬 \times 40\% - 1\ 萬 = 1.8\ 萬(元)$$

　　這時投資人必須要再存入1.8萬元到股票戶頭,否則證券商就會賣掉投資人融資買入的股票,這就是所謂的斷頭。由於證券商會不計價賣出投資人斷頭的股票,因此會讓股價

進一步下跌，又讓其他投資人也面臨追繳保證金跟斷頭的壓力，造成惡性循環、讓股價持續性的下跌。因此如果融資發生虧損時，股票下跌的風險是很高的。

## 看多頭，融資要獲利

相反的，如果融資買進的股票上漲，投資人就會信心大增，並且持續地做多股票，也會帶動其他的投機型投資人進場，讓市場的成交量持續增加，買氣也會持續攀升。

此時，多方氣勢就會愈來愈強，因此若是融資增加股價也上漲，往往就是多頭的訊號；而且從另一個角度來看，融資的槓桿幅度是2.5倍，也就是說100萬元的資金，加上融資可以買到250萬元的股票。所以如果融資增加了100億元，市場就是增加了250億元的買盤，威力跟外資差不多。所以融資獲利對於多頭來說是不可或缺的因素之一。

### 信用帳戶開立條件

委託人申請開立信用帳戶訂定融資融券契約除期滿辦理續約者外，應具備下列基本條件：

- 年滿二十歲有行為能力之中華民國國民，或依中華民國法律組織登記之法人。
- 開立受託買賣帳戶滿三個月。
- 最近一年內委託買賣成交十筆以上，累積成交金

額達所申請之融資額度50%， 其開立受託買賣帳
戶未滿一年者亦同。

· 最近一年之所得及各種財產合計達所申請融資額
度之30%。委託人期滿辦理續約者，應提供證明文
件證實其條件需符合前項第四款之規定。

· 更多詳細條件請洽各證券商。

## 籌碼面05
# 融券總是犧牲打！借股票賣錢

當投資人開立了信用交易的戶頭後，除了可以借錢買進
股票之外，另外還有一個重要的功能，就是可以跟證券公司
借股票來賣出，也就是融券賣出股票。簡單地說：就是可以
放空股票。如果投資人認為一檔股票有下跌的可能，想要靠
股價下跌來投機獲利，就可以使用融券來放空股票。

### 📋 融券維持率

若要融券賣出股票，同樣也要負擔保證金；目前的規定
要負擔90%的保證金，也就是說如果賣出100元的股票（市值
10萬），就要有9萬的保證金。融券同樣也有融券維持率，
計算方式如圖4-3。

圖4-3 融券維持率的計算方法

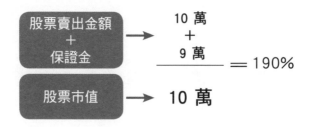

如果融券賣出股票後,股價開始上漲,那麼股票的市值就會增加,融券維持率就會降低。當融券維持率下降到120%以下時,券商一樣會發出追繳的通知,如果無法補足到應補金額,一樣會有斷頭的處分,也就是會以市價買回之前投資人賣出的股票。

不過和融資不同,若融資下降到120%,股價只要下跌超過28%就會斷頭;融券是要等到股價上漲超過58%左右時才會出現斷頭。所以某種程度來說,融券斷頭機會比較小。不過融券和融資不同,融資借的是證券公司的錢,因此只要願意繼續付利息以及沒有斷頭的情況發生,那麼要融資多久都可以。

但融券是暫時借其他投資人的股票來賣,因此每當公司要舉辦股東會以及除權息時,融券賣出的投資人就必須在這個日期前強制買回股票還給投資人。由於每年都會有股東會以及除權息的日子,因此融券可說有其先天限制。

## 📑 主力善用軋空

正因為融券有強制回補的壓力，因此每次快到接近除權息、或是開股東會之前的關鍵日，主力往往就會刻意拉抬股價。如果融券這時候不小心進場放空，就會中了主力的計謀，因為主力知道這些融券到某個日子一定要強制買回，所以主力只要繼續拉抬股價到強制回補融券的最後一天，就可以安心地把股票賣給這些要強制買回的融券了。

上述的情況也就是俗稱的「軋空」，因為融券的數量天天都要公布，所以一旦融券的數量太多，就會成為主力攻擊的對象。這種軋空的情況由於一再地發生，因此主力一旦發動軋空時，其他有經驗的投資人也會跟著進場搶買股票，以求可以搭上軋空的便車，這樣又會加重軋空的力道。所以投資人往往都會注意一檔股票是否有軋空行情。

不過就因為很多投資人都刻意尋找軋空的股票來買進投機操作，因此有些老謀深算的主力就刻意左手買進股票後，右手放空這檔股票，營造出軋空的假象，吸引大量投資人進場。所以這種時候的融券是主力的犧牲打，最後主力的目的反而是要大量賣出手中的股票。

## 📑 融資融券都是戰場

從以上幾段敘述可以知道，融資或融券的情況總是假假真真，由於融資融券的數字都必須要在盤後公布，所以是所

有投資人都會看到的資訊。在投資的市場中，只要是公開資訊，就會被有心人士利用；因此投資人在利用這些資訊時，還是要將風險擺在第一才行。畢竟透過融資、融券的操作就是一項投機行為。既然投機，那就是戰爭！「兵不厭詐」就是主力的座右銘，投資人也要心裡有數才行。

## 籌碼面06
# 突然見大量，大量是換手還是出貨

　　就量價分析的角度來看，股價在上漲的過程中，要有成交量的配合才算是健康的多頭走勢，這樣就叫做量價齊揚。不過如果成交量忽然大幅度增加，就算是異常的情況，在〈量價背離才會漲不停〉（請參考p.70）裡曾提到量價配合的情況有許多種，因此沒有一定的答案。不過，當股票出現大量時，投資人一定要多加留意。有些人會認為是主力換手，也有人會說是主力出貨，那麼到底投資人面臨大量時，該如何判斷？

### 買進比賣出還積極就會大漲

　　很久之前有位朋友問我，「為何當天的股價會大漲？」我問他，想聽真的還是假的答案？

　　「當然是真的！」

　　我認為，因為當天買進的人比賣出的人還要積極，而且

願意用比較高的價格買進，因此才會造成股價上漲。這樣的答案，他當然不是很滿意。不過，這的確是最正確的，至於買進的人為何買進？是因為營收成長或者公司接到訂單，甚至是因為高興就買進，我們無法明確判斷。所以，若投資人問，股票出現大量時是出貨還是進貨，那麼最正確的答案就是：「有很多人出貨、也有一樣多的人買進。」

相信投資人也不滿意這樣的答案，不過正確的答案才能對我們的交易有明顯的幫助。雖然我們不知道當天是主力出貨還是主力進貨，不過我們能知道的是當天的確有大量的部位進場交易，這樣就是很足夠的訊息了。是若要進行交易決策，就再等個幾天。

## 📑 出貨或進貨？等待市場反應

所以當股票出現大量時，投資人先稍安勿躁，不要先行斷言進出貨。再等個幾天後，市場自然會提供最正確的答案，因為幾天後股價就會開始反應。

如果之後股價上漲、並且超過了大量當天的最高點，那就表示之前大量買進的人是獲利的；相對之下，大量賣出的人就是錯誤的，這個時候很明顯地我們就要站在正確的人的那一邊，跟著買進這檔股票才行。股價會比之前高一些，不過這個時候比較能夠肯定是主力進貨。

相反的，若股票出現大量，股價開始下跌，並且跌破大量當天的最低點，那麼就表示大量當天買進的人都是虧損的，而賣出的人就是正確的。這時，我們如果手中若持有股票，就要立即出場。因為無論那個大量買進的人是主力還是散戶，只要大量出現虧損，那就表示空頭的行情開始。

## 成交量是兩個月來最大，就是大量

至於怎麼樣的量叫做大量，雖然沒有一定的標準，不過阿斯匹靈還是提供我的個人的習慣給讀者參考：「當股票的成交量是兩個月來的最大量時，就可以算是一個大量。」

再提醒一下：當手中的股票如果出現大量，那幾天就要特別關注，等到股價突破大量高點就可以繼續安心持有；如果股價跌破大量低點就要迅速出場，不能再有任何留戀了。

第1部　股市篇

第2部　心態篇

第3部　基金篇

第4部　交易篇

第5部　聖盃篇

# 第2部

# 心態篇

在交易當中，心態可以說是最重要，同時也是投資人最需要花時間努力之處！不過大多投資人都把大部分的時間花在技術分析或是基本面分析上，相較下，心態往往都被忽略了。

投資人時常會出現許多疑問，譬如說，為什麼總是會追高殺低？為何自己一買進股票就下跌？一賣出股票就上漲？市場經常在捉弄投資人嗎？獲利真的很困難嗎？

這些疑問都要從心態上來解決，不過投資人往往遇到這些問題後，不但沒有在心態上努力，反而是更投入研究基本面跟技術面，偏偏這樣的作法只會讓問題愈來愈大，最後只能事與願違。

## 因為有感覺，所以交易更複雜

因此投資人要先知道一件事，就是交易本身問題並不大，許多的交易策略跟投資方法都可以獲利。不過由於不是機器在跑，程式而是「人」在操作，因此問題總是會變得複雜許多；因為人有七情六慾，所以雖然每個投資人都想要獲利，但對於獲利的「感覺」卻是更加渴望，我們來看以下的例子。

下頁圖A與圖B就是投資人拿出100萬投資一年的績效走勢圖。可以看到兩張圖最後的數字都是120萬，也就是一年20%的報酬率；相信在還沒有投資之前，如果跟投資人說有年報酬二成的績效，1萬個人裡面應該有9000多個人都會滿意，不過可能大部分的人只能接受左邊的績效走勢圖，也就是每個月都能賺到穩定的績效。

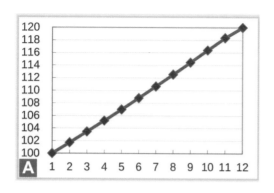

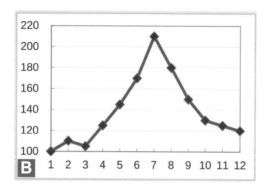

## 先從心態研究起

　　不過在真實的投資世界裡，圖A的績效走勢圖幾乎不存在（除非用定存來投資）所以真實的績效可能會是圖B的情況：在年中時獲利超過一倍，但是在下半年是持續把獲利吐回給市場，最後仍然得到年報酬二成的結果。如果是這樣，那麼相信1萬名投資人裡面，應該不到1000個人會滿意。

　　所以投資本身沒有問題，獲利多少也不是問題，最大的問題都是要滿足不同個性投資人的「感覺」。

因此，投資人在了解市場之前，更重要的事情就是要先了解自己。如果不了解自己就去投資，那麼很容易會有不好的感覺，這種時候愈是去努力研究股市，不好的感覺就會愈來愈嚴重。到最後就會開始影響心情，進而影響身體還有工作，甚至開始影響家人與人際關係，這絕對不是我們進入股市的目的。

　　在了解股市之前，先從心態研究起，了解自己的個性跟股市之間的關係之後，再去學習技術分析或是基本分析，就會事半功倍。

## CHAPTER 05 你被催眠了嗎？

**確認目標／不要輕易改變想法**
想像中的檸檬，讓你流口水，也讓你賺不到錢

　　相信大多數讀者應該都知道催眠，約略可分作兩種印象：一種是催眠治療，讓心理需要幫助的人進入催眠狀態中，治療師就可幫助他解決過去心中的種種問題；另一種則是舞台式的催眠秀，即是讓一群人接受催眠之後，在舞台上大哭、大笑甚至角色扮演等等。除非必要，否則大家應該都不想接受別人的催眠，並因此做出不想做的事、或說很多不想說的心底話。

## 現象01
## 腦波弱，人總是不自覺被催眠

　　不過事實上，就投資而言，許多人其實已經被催眠而不自知，並且做了很多自己不願意做的事。更可怕的是，催眠治療在幫助我們心靈獲得紓解後，催眠就會解開；舞台式的催眠也是在表演結束後就會解除指令，但是大多的投資者不但被催眠，而且永無止盡不會結束，也因此投資人永遠都會處於無法自制的狀態，那麼當然會永遠面臨虧損。

　　讀者一定會覺得很納悶，每次買進或是賣出都是自己決定的，怎麼可能被催眠？另一段這邊舉個例，假設坐在電視前，把頻道轉到電視購物台，接著就不轉台並且把電話放在

旁邊，那麼大多數的人看了幾個小時之後，就會拿起手中的電話打進去購買東西。等到幾天後東西送到自己的手上，才會發現自己怎麼會買了那樣東西，這就是被電視購物台「催眠」了。

或者百貨公司的週年慶時，我們看到五花八門的促銷策略跟銷售手法，往往也會失心瘋，買下了原本沒有預期要買的東西；還有一個例子是：假設我們想要減肥，可是一直跟朋友出去吃美食，你覺得有辦法堅定意志，讓自己每餐五分飽嗎？

從以上的幾個例子就會發現，人類自我控制的能力其實很薄弱，其中最大的原因就是控制我們的行為的並不是意識面，而是在內心深處的潛意識。從小到大經歷過的所有事件，會全部存在潛意識當中；即是生命的過去經驗。每當我們接觸到新的事物時，潛意識就會拿過去的經驗來比對。譬如，若過去有從高處向下墜落的不好經驗，長大後一站在高處，潛意識就會喚出過去的不好經驗，這就是懼高症，也是經驗影響意識。

因此，人們永遠受到過去經驗的影響，如果能知道某人過去的所有經驗，就能夠猜出來他未來面對類似情況會有什麼反應。人們一直自以為有自由意識，事實上都是受到過去的經驗所控制。因此人類其實受到各種影響，而無法完全控制自己的思想。

可以來做個簡單實驗，請努力做到下面的這件事：

➡ 千萬不要在腦中想像綠色的檸檬。

➡ 千萬不要想像在超市裡的綠色檸檬。

➡ 不過愈是努力不要想像綠色的檸檬，就愈容易想像
到那顆綠色的檸檬。

因為綠色檸檬是一個既定印象，因此我們受到語言或是
文字的刺激後，潛意識就會把過去的經驗叫出來；若再看著
綠色檸檬的畫面，還說「不要想綠色的檸檬」那就更不可能
做到了。因此可知：自由意識確實可能受到外在的影響跟控
制。

讀到這裡，大家可能會覺得只是想像綠色的檸檬，應該
不會對我們有什麼樣的影響，那麼請再閱讀以下的敘述：

「現在我把這顆綠色的檸檬放在砧板上，然後拿起水
果刀把這顆綠色的檸檬切半。刀子一切，檸檬汁馬上從旁
邊流出，這時馬上把切開的檸檬用舌頭舔一下……

好酸啊！雖然充滿了綠色檸檬的香氣，不過還是好酸
啊！」

上面想像的酸檸檬畫面是假的，不過相信大部分的人嘴
裡已經開始分泌唾液了，所以雖然是虛幻的想像畫面，不過

潛意識其實分不出真假。因此一旦受到酸檸檬的刺激，就會喚醒酸檸檬實際味道的記憶，對我們身體的影響非常真實。

所以透過以上的實驗，我們可以知道酸檸檬雖然只是想像出來的，不過嘴裡卻真正分泌出口水。所以檸檬是否真正存在已經不重要，重要的是我們對檸檬的真實反應。

## 現象02
## 一看就腦充血，一看就衝動，再來沒印象

若看報章雜誌的資訊時，看到股票的利多：外資上看某檔股票的目標價；再看一下其他的分析報告，也說這是難得一見的買進好機會。最後打開電腦，看到這檔股票忽然向上噴出，這時那份報告是真是假已經不重要了，重要的是已經開始大量分泌腎上腺素，情緒也開始上下起伏，我們已經準備好要重押一把了！

看了電視、報紙還是網路文章後，就會有衝動地想買進某檔股票，並且深信它一定會扶搖直上，幾個月後自己的資產就能有驚人的報酬率。不過在衝動買進後，等到股價開始慢慢下跌，才開始覺得自己當初怎麼會買進那檔股票，對於自己為什麼要買進則一點印象都沒有，這就是被催眠了。這樣的經驗，許多投資人都曾有過。舞台上被催眠的人們拚命地跳著有趣的舞蹈，一旦解除催眠，就完全忘記自己有跳過這樣的舞，大多的投資人不就這樣嗎？

所以，若投資人不想要讓自己再度胡亂下單，讓自己買

進自己本來不想要的股票，最好的方法就是先不要看電視或是報章雜誌的報導，也儘量不看盤跟網路文章。等到過段時間——遠離催眠的情境後，就會從催眠中慢慢清醒、也能夠擺脫之前多空不定的疑惑跟恐懼。這個時候才能再度開始接觸投資資訊。

## 現象03
## 釐清四步驟，拒絕被催眠

不過，在重新接觸這些資訊前，一定要注意以下幾個事項，才能避免自己再度進入被催眠的狀態中：

### 📋 建立目標 ▶ 先清楚自己要的是什麼

相信投資人來到投資市場上，一定有一些自己的目標，這個目標可能是要賺到第一桶金、或是讓自己的資產可以穩定成長。無論是那個目標都沒有問題，重點是要明確訂定自己的目標寫在紙上，然後放在看得見的地方，時時提醒自己要持續往目標前進。不然在經過市場資訊的大量催眠後，許多人就只是因為想要下單而下單，跟原先設定的目標一點關係都沒有了。

### 📋 資訊釐清 ▶ 自己要得到哪些資訊

報章雜誌、電視或是網路文章，為求可以有收視率以及人氣，文章標題或是內容都是充滿情緒的字眼，目的就是要

讓投資人進入催眠狀態，以達到維持人氣的目的。所以在接受市面上這些資訊之前，一定要先知道自己需要哪些資訊？

如果今天是營收公布日，就要先清楚：自己要的就是營收相關資訊，這樣打開報紙或週刊時，便會先看過營收資訊，而不會受到其他文章的情緒字眼影響。若自己也不知道究竟想要什麼資訊，那還不如別看報章雜誌，改成買幾本書好好閱讀還比較實在有益。

## ▌鎖定來源 ▶什麼資訊來源最有幫助

建立目標，也慢慢清楚自己想要哪些資訊，接下來就是要確認自己需要的資訊來源。如果是長期投資的投資人，就不用每天接受資訊，可能每週每月看一下週刊或是月刊即可；如果是中期投資，可以每兩三天看看相關的產業資訊或是全球動態；如果是短線交易，就會需要大量的即時新聞，來即時分析市場變化。

但無論是那種類型的投資人，每天花在吸收資訊的時間不應該太久。因為投資人自己要有清楚的方向，若每天花太多時間吸收資訊，就要小心自己是否又進入被催眠的狀態。

## ▌健康生活 ▶維持自己的身心靈安康

傑西・李佛摩（Jesse Lauriston Livermore）在美國被稱為最偉大的交易員，他的生活作息就規律正常，平常工作日每晚十點就寢，早上六點起床，可說是高度自律的人。他為什

麼要這樣管理自己？

　　因為，當一個人的精神狀態不穩定時，是最容易接受催眠指令的。若可以像李佛摩一樣自律，維持健康的身體以及穩定的精神，對避免被催眠可說大有幫助。無論是哪種投資人，只要身心狀態失去平衡，往往就會被市場反過來控制，最後被市場給吞沒。因此在交易之餘的生活，是需要格外重視的部分。

　　當然每個人需要的生活方式都不同，如何找出一個最佳的生活方式，是每個投資人都要努力花時間的地方。

圖5-2 拒絕被催眠的四個方法

### 拒絕被催眠

Point 1

**建立目標**

確立自己的目標後，記得寫在紙上，放在看得見的地方，時時提醒自己。

Point 2

**資訊釐清**

媒體充滿許多資訊，接受之前，一定要先知道自己需要哪些資訊。

Point 3

**鎖定來源**

根據自己的操作習慣，鎖定需要閱讀的媒體。

Point 4

**健康生活**

保持健康的身心，才不會被市場控制，也不容易被催眠。

# 現象04
## 充斥酸檸檬，市場讓人先流口水再說

　　中國嚴打房市、歐美股大幅重挫、政策打擊台股信心、重大建設變更延燒、政府積極打房、內資集體大逃亡等等，無數的利空經常發生。當然若投資人作空，市場上也會有一堆的利多來打擊空單的信心。

　　投資市場上的酸檸檬到處都是，投資人要進入市場就要有一直流口水的準備。不過只要能夠做好上述的各項事前準備工作，相信大家一定可以應付未來的酸檸檬！

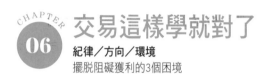

# 交易這樣學就對了

**紀律／方向／環境**
擺脫阻礙獲利的3個困境

我們從小到大就是不斷地學習，有些能力或技巧大家都可以學得會，有些則要有點天分才行。不過，基本上只要肯花時間，肯努力，就算不能得到卓越的成就，也可以有不錯的成績。就好比說，有的人有數學天分，那麼他可能不需要花太多時間就可以得到不錯的成績；但即使沒有數學天分，若肯下功夫努力學習，成績也不會太差，想及格也不是那麼難。其他的領域也一樣。

投資領域裡似乎就是不這麼回事。大部分的投資人其實都花了不少的時間在股票或投資上，但我們會發現，會達到及格標準（績效接近大盤）的人卻是少之又少，這是為什麼呢？投資獲利真的遙不可及嗎？

其實會造成這樣的結果，主要有三個原因：

# 原因01
## 沒學習：上戰場前要先學習歷練

我們無論是學習任何技巧，都需要先花上一段時間。若在修車廠學修車，就要在旁看師傅做個幾年後，才能開始從簡單的部分上手，再過個幾年才慢慢能夠應付各種狀況。等到五到十年後，才算是合格的修車師傅，也就出師了。

## 📑 奠基需要時間，要有背景

若是學習一項知識，從高中的基礎教育到大學的進階教育就要花上七年以上，加上研究所就要將近十年，才能算是擁有一門學問的基礎能力。所以我們可以看到：無論是哪個能力或技巧，都需要花不少的時間在「學習」上。但大多數投資人都在缺乏學習的背景下直接開始投資，就像要一個沒有受過訓練的軍人上戰場，下場一定可想而知。

## 📑 前五年當打地基，虧損也當學習

所以如果是還沒有開始交易的投資人，那麼阿斯匹靈會建議把頭五年當作是學習，既然在學習階段，那麼一定會發生虧損。就像剛開始學做菜時，一定很容易切到手或是被鍋子燙到。所以學習階段最重要的事情就是「注重安全」，否則如果一個人剛開始學做菜，就在手指切出一個大傷口、或嚴重燒燙傷，之後就會對做菜產生嚴重恐懼，想再繼續學做菜就很難了。

同樣的道理，我會建議投資人在頭五年不要投入太多資金，定位在學習而不是獲利，這樣就可以輕鬆地接受每一次的虧損，並且認真地從交易的錯誤中學習。只要每次交易過後都有成長，假以時日就會知道如何去交易，這個時候就可以開始進入實戰階段。

## 📄 寫下守則，有紀律操作

不過如果你是已經交易一段時間的投資人，想重新開始不太容易，因此阿斯匹靈建議用另一種方式來學習：就是把所有的想法都寫下來，讓自己只能按照這個守則操作。這樣投資人才會知道自己在「做什麼」。

《孫子兵法》的〈謀攻〉中說到：「知己知彼，百戰不殆」，最重要的就是要先知道自己，再來才是要知道對手。不過由於投資人大多都是靠不明來歷的「感覺」在操作，因此即使犯了錯誤也無法有效地從中學習與成長。

所以先強制自己寫下想法，交易時只能按紙上原則來照本宣科。如此一來，若發生不如預期的交易時，就可以檢討紙上原則，思考如何精進自己的交易策略。日久見功，交易的品質當然就會愈來愈好，績效也就會開始成長。

## 原因02
### 缺環境：外在環境不佳可自學

在台灣，有許多完善的教學機構可以教授這些專業知識，因此只要透過這些機構，往往可以有很不錯的學習成果。投資則不然，在台灣很少看到有完善的投資教育機構，坊間大部分的投資課程礙於某些原因，大多只能服務投資系統中的一小部分，因此投資人透過這樣的學習就猶如瞎子摸象，永遠只能知其然不知其所以然。

若完全不會做菜，那麼一定不會靠近火爐；若很會做菜，靠近火爐也會注意安全。但如果只學半調子，會靠近火爐但是不知如何注意安全，就會發生危險，更別提要燒出一道好菜。因此若投資人只學個一招半式就想要闖江湖，那麼結果當然是會被主力大戶這些高手所吞沒。

既然台灣目前很少有這樣的投資教育機構，那麼投資人只好靠自己讀書來學習。不過阿斯匹靈也要提醒投資人，如果要有正確的學習，那麼最好先從國外的翻譯書籍開始。

由於國外的投資環境非常成熟，大部分國外的專業投資人面對的都是全球市場，無論是股票、期貨、外匯還是債券都是他們的操作範疇，因此需要很客觀的投資技巧才能生存。可以出書暢銷全球然後再引進台灣，當然更是其中的佼佼者，是萬中選一的投資高手，因此值得我們多去閱讀跟學習。

所以投資人一開始起碼先看個10本到30本國外的翻譯書，讓自己養成全球性的投資觀，再挑幾本台灣的專業投資人寫的書，相信一定可以很快就上手；再者，從全球國際觀的角度下來看台股，視野一定會大上很多，會有事半功倍的學習效果，當然之後進入實戰就可以得心應手了。

# 原因03
## 失方向：學習過程要專心一致

要學好一門技巧已經很不容易，如果有人擁有三、四項的專長，不是有天分，就是他的努力過於常人，因此如果要學好一項技巧或能力，專心一致非常重要。

同樣用學做菜作為譬喻，如果對日本料理有興趣，應該要到日本料理店當學徒，待個五年以上就應該略有小成，可以做出不錯的日本料理；如果要變成大師，那麼可能要專心在日本料理的領域當中超過20年以上，並且非常地用心學習跟精進，才有機會稱得上是日本料理的專家。

若只學了兩年日本料理就停了，轉換跑道去學義大利菜，只學了兩年又轉去學泰國菜；每種料理都學個兩年，十年後學了五種料理，講起來頭頭是道，實際上自己做起來卻沒有信心。因為每種料理的特色都不同，混合學習只會增加難度，最後就會一事無成。

一般人學習時，應該不會讓自己陷入以上的窘境，但在投資領域上就不一樣了。投資人總希望可以多學點技巧，學幾天基本面，又跑去學技術面，又去學籌碼面跟程式交易；可能當沖沒有學好就想要去操作波段，或是股票還不太會操作就去做期貨。不但學的技術五花八門，操作的週期也沒有固定，甚至連操作的商品也有好幾種，這樣不要說一般投資人，就連專業經理人或是操盤手都無法做出好交易。

因此阿斯匹靈建議大家要先化繁為簡，先挑個兩三種

分析方法，然後固定自己的交易週期，最後專心操作某一種商品，等到績效開始成長時，再慢慢增加難度，如此循序漸進，才能讓我們有效學習。

就像巴菲特自始自終都是在做價值型投資、索羅斯常常都在尋找可以放空的機會，他們都是專心一致地在某個特定的領域中，才會有如此的成就。如果要巴菲特去放空交易，要索羅斯去找好公司來做價值投資，相信他們的表現就會跟你我無異了。

所以如果投資人不滿意自己目前的交易績效，那麼就讓自己慢下腳步，好好地從學習開始，讓自己先找到交易的方向之後，再來挑選幾本類似領域的國外翻譯書，並且縮小交易的部位。經過一段的學習過程之後，就會發現自己的交易成功度慢慢地提升，這個時候就可以慢慢地放大部位，並且再持續地精進跟學習，才能夠維持穩定的績效跟成長。市場總是一直在改變，所以唯有不斷地學習，才是交易獲利的不二法門。

# 巴菲特的獲利祕訣

**長期持有／只投資熟悉的產業／控管風險**
即使沒有巴菲特的資金，也可以學的投資心法

華倫‧巴菲特（Warren E. Buffett）是目前全球公認的股神，也是全球排名前五名的富豪，在 2019年時，他的波克夏公司獲利金額高達814.1億美元，是非常可觀的投資績效。巴菲特的價值型投資法吸引了全球許多投資人的爭相仿效，不過能夠跟其並駕齊驅的卻是少之又少，為什麼會導致這樣的結果呢？

巴菲特面對全球市場，所以擁有大量的投資機會；再加上擁有非常龐大的資金，因此可以選擇的標的多，能夠涉獵的領域也更為多樣。當然以波客夏的規模，一定擁有大量的研究人員，一般投資人沒辦法做到這樣的程度。不過，巴菲特的投資哲學裡，有幾點是一般投資人可以儘量去學習的。

## 祕訣01
## 不要賠錢：虧損控制在一定幅度

巴菲特說過一句話：「投資的第一條準則是不要賠錢；第二條準則是永遠不要忘記第一條。」

他認為，若賠掉50%的資金，就必須要賺100%才能回本，所以不能賠錢是他的投資準則。不過，投資要穩賺不賠

談何容易？因此巴菲特要表達的應該是：「可以賠錢，但是絕對要控制在一定的範圍內。」比較保守的投資人可能會認為虧損幅度不能超過總資金的5％，積極一點的投資人可能可以容忍到10％，但重點都一樣，就是要嚴格限制投資的虧損幅度。

## 祕訣02
## 永不賣出：長期持有會配股利的股票

　　巴菲特買進股票時，絕對不會考慮股價是否會上漲，他考慮的是公司未來能否提供穩定的現金股利，也就是說希望買到一檔永遠都會配發現金股利的公司。簡單地說，他的買進原則之一就是「永不賣出」，除非公司的基本體質出現問題，不然巴菲特一定會持續持有好公司的股票。有人曾做過統計，巴菲特對每一支股票的投資沒有少過八年的，因此投資人在思考投資標的時，「是否有能夠長期持有」也應該是考量重點。

## 祕訣03
## 熟能生巧：只投資自己熟悉的產業

　　不碰自己不熟的產業，是巴菲特獲利的另一項祕訣。像是網路泡沫時期，他完全不碰所謂的飆股，因為那些公司短線雖然非常會漲，但適合長期持有嗎？答案顯然不是。所以巴菲特總是只買進他熟悉的傳統產業。當然如果是科技公司

的員工，對於科技股有很深的了解，那麼專心一意地研究科技股的買賣點也是一個不錯的選擇。無論是穩定的傳產股還是波動大的高科技股，只要能夠深入地研究，都是好的投資方向。

## 祕訣04
### 不要貪婪：永遠保持警戒的心情

巴菲特最常被人引用的一句話就是：「別人貪婪時要恐懼，別人恐懼時要貪婪」，所以當市場拚命上漲時，不能因為獲利而沖昏頭，而要永遠保持警戒的心情來面對市場；不過當市場大幅重挫，市場開始恐慌時，巴菲特則認為這種時候可以貪婪。但是他的「貪婪」是指要把握機會，而不是對於獲利的貪婪。

此外，即使有很好的投資機會，巴菲特也不會過度投資；簡單地說就是永遠都做好資金控管，不要讓手中的部位大到超過自己的負荷。

## 祕訣05
### 穩定獲利：以年報酬10％來當作目標

巴菲特追求的是每年的穩定獲利，而不是短期的高報酬，許多操盤手可能在短期會創造驚人的報酬率，像是一年300％ 或是一個月賺到一倍等等。只要舉辦投資競賽，就一定會看到有人可以創造出這種不可思議的報酬率，但是長期

下來這些人都無法真正致富。

因為就算前一年能創造出300％的獲利，也無法保證隔年能有20％的利潤，甚至可能會有虧損40％的結果出現。所以如果請巴菲特來台灣操盤，可能會被許多投資人嗤之以鼻吧。因為市場上太多操盤手都宣稱有一年一倍的績效，因此投資人總是誤解投資是要追求短期的高獲利，而不是長期的穩定獲利。

因此投資人要了解一件事：巴菲特所創造出來的穩定年報酬20～30％，就是他號稱股神的卓越績效，簡單地說這就是投資的滿分成績。所以不要說20％，光是目標15％的穩定報酬就已經是非常高分的投資績效，因此建議投資人一開始先以年報酬10％作為目標，能夠穩定達成後，再慢慢增加，才是合理的投資行為。

## 祕訣06
## 利用愚蠢：耐心等待好時機

當市場出現大跌，投資人不計代價賣出手中持股時，巴菲特才有機會撿便宜。因此他說要善用投資人的愚蠢，因為那是最佳的投資機會。

不只是價值投資，無論是哪一種交易，在大部分時，市場都不一定有好的交易機會。總是要等到大量的投資人犯下愚蠢錯誤時，才會出現值得把握的投資良機，所以投資人要

有耐心等待的好習慣。因為好的機會不是天天都有,投資就像釣魚,大多的時間都在等待。當魚上鉤時,獲利就會隨之而來。

所以即使不是價值型投資的投資人,巴菲特的交易哲學仍然有許多可以學習的地方。如果多看幾位投資成功的大師傳記,就會發現成功的投資哲學其實都是大同小異。巴菲特的環境跟方法我們也許沒有,但是這些投資哲學我們是一定要學起來的。

圖7-1 巴菲特的六個獲利祕訣

**不賠錢**

將虧損控制在一定幅度，保守的虧損幅度不能超過總資金的5%，積極的虧損幅度到10%。

01

**有耐心**

大部分時候，市場都不一定有好的交易機會，大多都在等待，當魚上鉤，獲利就會隨之而來。

06

**不賣出**

不考慮股價是否上漲，考慮公司未來能否提供穩定的現金股利。

02

**股神巴菲特的獲利祕訣**

**獲利穩** 05

追求的是每年的穩定獲利，而不是短期的高報酬。以年報酬10%來當作目標。

03 **夠熟悉**

只投資自己熟悉的產業。只要能夠深入地研究，那麼對投資者來說就是好的投資方向。

04

**不貪婪**

別人貪婪時要恐懼，別人恐懼時要貪婪。當市場拚命上漲時，不能因為獲利而沖昏頭。

第1部 股市篇
第2部 心態篇
第3部 基金篇
第4部 交易篇
第5部 聖盃篇

# 100人要有90人賺錢才正常

對於獲利的迷思／虧損不應該是必然／投資的目的
不賺錢，為什麼要投資？

市場大多的投資人都認為：平均100個人裡只有10個人
會賺錢，而且對此還深信不疑。如此一來，投資人每次虧損
時就會安慰自己：「反正大家都輸錢，所以我輸錢也是應該
的。」但若是如此，為何要進入股市投資呢？

難道目的就是為了要虧錢嗎？如果不是，為何會認為自
己虧損是應該的呢？

事實上，這是一個很嚴重的誤會，如果投資人可以確實
了解交易盈虧的真相，你就會相信另一個事實：「在交易市
場上，獲利是再也正常不過的事了！」

## 迷思01
### 賺錢機率低，為何要投資？

假設我們到澳門旅遊，來到了當地的賭場，看到門口的
告示牌寫著：「本賭場平均100個人當中，只會有10個人會
賺錢。」這樣還會有人想走進去嗎？

不過在股票市場上卻剛好相反，一邊深信賺錢的機率不
到10％，一邊又拚命地進場交易，最後的結果一定是心想事
成，相信自己會虧錢，結果最後就真的虧錢了。同時也不會

覺得這樣不正常。

如果出去逛街，結果回來時發現自己不小心遺失了五張千元鈔票，心情一定會很痛苦，因為這是不正常的，也因此之後就會記取教訓，下次去逛街就會特別小心。所以未來就不會再發生這樣的情況。

相反地，如果你遺失了五張千元鈔票，卻想說服自己：「我就是粗心大意的人，所以遺失鈔票是正常的。」如果這樣想，那麼未來你一定還會再遺失其他的貴重物品，所以說我們要先認清一點：虧錢是非常不應該的事，並且要反轉自己的心態，認定賺錢是再正常不過的事，這樣未來才有可能賺錢。

## 迷思02
## 虧損居多嗎？

我們在交易市場做一筆投資交易，假設是買進賭上漲的策略，大抵來說，獲利的機率應該是50％，因為長期下來漲跌的機率總是一半一半。若沒有這樣的認知，其實最好不要再進市場交易；而是去找個朋友，每次交易時都跟他對賭，那麼最後的結果不是你賺就是他賺，機率絕對是一半一半。不過，如果兩個人同時都進市場交易，全軍覆沒的機率就會很高了。

因此應該要先相信一件事，獲利機率一定是一半一半，如果不是這樣，還不如乾脆找人對賭會好一點。

或許還是有投資人對於自己「虧損」的能力相當有信心；而如果投資人真的認為自己一定會虧損，那麼市場應該可以建立一個新的證券公司，規則就是如果交易一年下來是虧損，公司就付給兩倍虧損的金額。相反地，如果若交易一年後獲利，投資人就要賠償公司兩倍獲利的金額。

　　如果大多數的投資人真的都是虧損高手，這間新型態的證券公司應該會生意興隆。要滿足到這樣的規則也不困難，也就是當買進一檔股票時，公司就反向放空兩張這檔股票；當放空一檔股票時，公司就反向買進兩張股票。這樣公司就沒有任何風險，並且完全能做到上述的條件。

　　不過我相信，一年過後，大多數投資人的帳戶都會獲利，也就是說是要賠償給公司兩倍的金額，實際上最後還是得到虧錢的結果。因為在這種條件下，如果投資人遇到虧損就會很開心，想要馬上實現虧損來獲取一年的兩倍金額；但是如果遇到獲利，就不敢實現獲利，因為擔憂一年後要賠償，如此一來大家應該都知道下場為何：虧總是都虧一點點，而賺都是賺一大筆才會出場。剛好和以前的習慣相反，最終還是虧損。

# 迷思03

# 賠錢不是應該的

之前有位交易主管跟我說過，市場上的交易員可以分成三種，一種是常常會賺錢的人，這種交易員可遇不可求，碰到的話一定馬上錄取；另一種交易員也很少，也就是很穩定虧錢的人，這種人來應徵的話他也一定會錄用，因為只要反著做，並且做三倍以上的數量就可以賺錢，可惜這種人也很稀少。

依經驗，大部分的人都是時賺時賠，比較難有效運用，換句話說，大部分人交易的獲利情況都是各占一半的機率。

既然獲利機率是一半一半，為什麼投資人無論賭贏還是賭賠錢都會失敗呢？其中最關鍵的就是投資人相信自己輸錢是應該的，所以才會造成這樣的結果。會把虧損當作是正常的事情，有以下三個原因：

## 逃避的心態

如果虧損是不正常的，那麼一旦出現虧損，投資人就必須自我檢討，自己是否隨意聽信明牌、沒有控制好風險、部位一次壓太大或是一時衝動就進場等等。有些人會認為自我檢討就表示承認自己之前做錯事，這是很辛苦的。尤其在投資市場上，因為大多數的人都沒有受過正規的投資教育，做錯事的機率與頻率都不低，能夠直視並檢討失誤，並一直修

正──其實不容易。

換個角度想，這樣的自我檢討不妨改成自我成長。每次交易，無論是獲利或虧損，都認真面對，檢視是否有成長的機會，這樣就可以怯除逃避心態。

## 被市場洗腦

如果炒菜時加太多鹽巴，使得那道菜變得太鹹無法下嚥，我相信無論是誰吃到，都會說這是不對的，菜太鹹了，不要加那麼多鹽巴；最後自己就會煮得一手好菜。

不過若是類似的情況在投資市場出現時，現實可不是這樣。當出現虧損時，很多人會說「賺錢本來就不容易，虧損是應該……」甚至連報章雜誌也常常說「交易要花很多心思才行」甚至時常強調100個人當中只有10個人能賺錢。這樣一來，投資人才會不斷地花錢上課或買書來學習投資。

不過最重要的原因還是第三點。

## 目標訂太大

還是以做菜為例。假設在一開始學做菜時，以五星級飯店甚至是米其林水準為目標，那麼即使我們再怎麼努力，都會發現自己離米其林還很遠，因此就會開始灰心。即使我們非常有毅力，也不會出現我們想要的成果。想成為米其林主廚，就算努力不懈也要花上十年以上的時間，更重要的是還

需要天分加持才行！

　　那麼投資界的五星級是什麼水準？巴菲特一直都是號稱是投資界的股神，他的年報酬約在30％左右，也就是說如果目標設定是年報酬30％，那麼就是五星級水準的目標，非得努力不懈十年以上，還要有天分！

　　可是，大部分的投資人卻往往一開始就把目標訂在至少五成，一倍最好；也就是說投資人一開始就把目標訂在七星級的水準，這是可以打敗巴菲特的紀錄，可想而知難度有多高。這樣的目標，當然很難達成。所以才有許多投資人認為交易是件困難的事。事實上不是投資很難，而是從訂目標就是學問。


　　所以如果投資人真的想要成為投資贏家，請先設定合理的目標，譬如年報酬 5 ～ 10％，這樣已經是銀行定存的五倍以上，若能達到這樣的水準，已經是非常優秀的表現。

　　若投資人認為自己無法那麼努力或是天分不夠，就把年報酬的目標降到3～5％，這樣就會發現這是個很容易達到的目標。請記得一句話：「先讓自己賺到到錢，再來考慮要賺多少。」

## 你真的想獲利嗎？

**CHAPTER 09**

一開始設定的目標／不輕易變心／合理的目標
比巴菲特更厲害，可能嗎？

---

許多投資人在市場上交易了很長的時間，不過總是無法穩定獲利。其中一個關鍵原因是：沒有下定決心要獲利。

可能很多讀者會想，怎麼可能有人投資不想獲利？但其實在這裡，我要請大家自問：願意為了「賺到錢」，付出多少努力與代價？

## 矛盾01
## 付出相對代價，你願意嗎？

一般人要去做一件事，基本上都會有個特定目的，並且會依據這個目的來作為我們努力的方向。

舉例來說，如果我們想要自己煎個荷包蛋，我們就會打開冰箱，找找看有沒有蛋；如果沒有，就要看自己是不是真的很想煎蛋。如果真的非常想吃這顆蛋，就會出門去巷口買盒蛋回來。不過如果買盒蛋要開車一個小時，或許我們就會打消煎蛋的念頭。

同樣地，如果我們想穩定獲利，那麼我們就要想想該如何努力才能達到目的？如果我們週一到週五，一天花兩個小時來研究投資方法，以達到穩定獲利的目的，也許我們可以

做到；如果換成每天要花五個小時，應該會有不少人打退堂鼓。若還要犧牲週末假日來研究投資標的，大多數人都會放棄吧。

有些人可能喜歡一週花一大半的時間在平面設計、鑽研廚藝、研究3C產品、撰寫創業計畫或是沉浸在音樂當中；這些事情是熱忱所在，因此會願意花時間，努力在這些領域上取得相當的成就。

不過若不想花那麼多時間在研究理財投資，又想要靠投資穩定獲利，這不是緣木求魚嗎？

## 矛盾02
## 保持初衷，你是否永遠堅持信念

假設想去百貨公司買件襯衫，不過逛到一半時，突然看到有毛衣outlet特價，我們就忘記襯衫，跑去看毛衣。買完毛衣後，又看到名牌的包包在做促銷，所以又跑去買好看的包包。這樣逛了幾個小時後，剛好經過咖啡店，剛好覺得又累又渴，因此就坐下來喝杯咖啡、順便點個蛋糕，享受愜意的下午茶時間。

整個下午過去，買到襯衫了嗎？

大多投資人一開始進來市場，都想要穩定獲利，認為年報酬率可以有10%左右就很棒了，因此一開始會選擇投資穩定的權值股；不過開始研究投資之後，看到很多人操作小型股獲利都超過50%以上，因此就轉往投資小型的投機股。之

後又看到期貨的速度更快，有人半年就能獲利一倍，因此又轉向研究期貨的當沖交易；再來又會看到選擇權的操作更加多元，進而又開始學習如何操作風險最高的選擇權。

這個時候，你穩定獲利了嗎？

去百貨公司買襯衫、或者在投資市場穩定獲利都差不多，都是一開始的「初衷」。在往目標邁進時，一路上可能會有許多的誘惑。我們如果沒有一直堅持信念，時時提醒自己不要忘記自己的初衷，可能就會走到另一條路上，並且離我們的目標愈來愈遠。

## 矛盾03
## 最愛賺錢，我們最幸福？

我過去在舉辦大型講座時，往往都會問一個問題：「現場的投資人，覺得自己愛錢的請舉手！」基本上大多人都會舉手，不過如果再問另一個問題：「如果一輛超級拉風的跑車或是一個設計師新款的柏金包，只賣一折，你會不會買？」大部分的人也都會舉手，這就表示大家並沒有那麼愛錢，因為大家只要看到想要的東西，就會輕易地放棄手中的鈔票。因此我們必須承認一個事實：「我們並不是那麼愛鈔票，而是想要用鈔票擁有自己想要的生活！」

所以如果我們當初進來市場前，訂的目標就是「賺錢」，試問當賺到了第一筆錢之後，是否感覺幸福？還是說會想要賺更多錢？賺到更多錢之後，就真的幸福嗎？如果賺

到1千萬，但是不能花，這樣也能感覺到幸福，這才是真的愛錢。

　　相信很多人都認為「賺錢不花不是瘋子嗎？」所以，我們來到這個市場之前所定的目標如果只是賺錢，而不是賺錢後的生活，那麼我們一定無法達到這個目標。可說我們每次在投資上的努力都一定還有哪裡不夠，因為我們只是看到賺錢這個目標，而這個目標又不是我們真正想要的。

　　因此，投資到最後就算賺到一點錢，也不會讓我們擁有幸福，只會在最後得到持續虧損的結果。

　　所以要請投資人在進入市場前，想想自己到底要透過投資這件事情得到怎樣的人生，到底是想要一台跑車、一個柏金包、一趟歐美之旅還是可以和家人一起渡過美好的假日？

　　因此阿斯匹靈建議大家將心中最渴望的目標列印出來，無論是圖片或文字都可以，然後貼在自己常交易的電腦旁，類似自己的投資座右銘。這樣可以時時提醒自己要往目標邁進。在交易當中會更花費心思，也不會允許胡亂交易，讓自己遠離當初設立的目標。

# 第3部

# 基金篇

投資基金就是將錢交給投資信託公司，由專業的操盤經理人負責操作。這樣的公司有國內的機構，也有國外的公司來台設立分公司。因此台灣的投資人只要透過這些基金公司，就可以投資全球各式各樣的商品，是非常多元化的投資管道。

在台灣的投資人，分成兩大部分，對於有時間投資股票，並且也有興趣的人，就會選擇在集中市場上直接交易股票，相對也比較可以接受風險；另外一部分的投資人，一來是沒有時間跟心力研究股票，再者也因為個性比較保守，所以會選擇以基金的方式來投資。

## 基金面對全球 風險自然高

因為基金是投資全球的各式商品，相對台股來講，複雜度自然比較高。而且大多是不太有時間研究投資的人才會買進基金，因此又怎麼可能會想去了解全球各式商品的情況。舉個例子來說，如果一般投資人花點時間、多努力一點，還是有機會成為操作台股的基金經理人。

正常來說，一個操盤經理人通常只能操作三種左右的商品，這樣就已經要花費非常多的精力；所以如果一間基金公司要操作100種商品，那麼公司起碼要有30位以上的操盤經理人才行。若要成為操作全球超過100樣以上的商品的交易經理人，那可能只有少之又少的天才，並且需要大量的努力才有辦法成就。

從以上敘述可知，想了解全球商品的變化，一般投資人不容易做到，所以投資基金的投資人其實是冒著更大的風險。只是因為大多投資人投資基金時，往往金額都不會很大，因此即使是操作不熟悉的商品，感覺起來虧損還是可以

接受。但是這樣的蠶食鯨吞下來，也是會累積出不小的虧損，因此能夠靠基金穩定獲利的投資人也是少之又少。

## ▍基金會獲利？打敗大盤即可

　　基金投資人也必須要了解一點，大多的基金操盤人都是被動型的操盤手，他們操盤的目的並不是以「獲利」為目標，而是以「打敗指數」為目標。為何如此呢？主要因為基金的投資人當初在選擇基金時，已經代表投資人看好這項商品的未來走勢，因此才會進場申購這檔基金。假設投資人買進一檔日本的股票型基金，那麼就表示投資人是看好未來日本股市的發展。簡單地說，就是賭日本股市會上漲，所以日本股市基金的操盤手，就是負責協助買進日本股市的中間人，這位操盤手的主要功能就是替投資人在日股中，選出體質比較好的投資組合，讓這個組合的表現可以比指數的表現還要好，這樣他就算是一個優秀的基金經理人了。

　　附表I就是三檔日本基金的模擬績效表，可以看到日本股市在2009年到2013年的指數報酬率，假設投資人在2013年底看好日本股市未來五年的發展，那麼上面三種基金他會率先淘汰掉A基金。因為無論股市上漲還是下跌，它的波動都比股市還小，所以如果投資人看對，A基金確實無法達到預期的獲利水準。

三檔日本基金的模擬績效表 I

| 基金績效／年份 | 2009 | 2010 | 2011 | 2012 | 2013 |
|---|---|---|---|---|---|
| 日本股市 | 19% | -3% | -17% | 23% | 56% |
| A 基金 | 8% | -1% | -9% | 15% | 33% |
| B 基金 | 32% | -12% | -34% | 31% | 65% |
| C 基金 | 22% | -2% | -13% | 28% | 62% |

　　B基金雖然在股市上漲時，獲利超越股市，甚至超越C基金，但是當股市下跌時，它的虧損也比股市跟C基金來得高，因此投資人也會淘汰掉類似B基金的選擇。

　　C基金的表現才是基金投資人最希望的表現，也就是說當投資人判斷正確時，基金的績效可以比日本股市還要好；但是當投資人判斷錯誤時，風險卻又比股市還低，這樣一來才能獲得理想的績效。

## 買基金不能迷信，看對走向才獲利

　　我們假設在2008年底投資三檔基金各100 萬元，那麼五年後的結果會是如下表所示：

三檔日本基金的模擬績效表 II

| 基金績效／年份 | 2009 | 2010 | 2011 | 2012 | 2013 |
|---|---|---|---|---|---|
| 日本股市 | 19% | -3% | -17% | 23% | 56% |
| A 基金 | 108 | 107 | 97 | 112 | 149 |
| B 基金 | 132 | 116 | 77 | 100 | 166 |
| C 基金 | 122 | 120 | 104 | 133 | 216 |

（單位：萬元）

從上面的模擬績效表 II 可以看到：A基金由於獲利都比指數小，因此最後獲利將是最小的；B基金雖然在股市上漲時獲利會比C基金好，但是由於股市下跌時虧損幅度還是太大，導致最後的績效還是遠遠不如C基金。

在市場上能夠做到像是C基金表現的基金少之又少，需要非常優秀的基金經理人才做得到。不過就算選到了最優秀的基金經理人，如果是投資時間在2011年時的日本，還是會有13%的虧損。也就是說，投資人還是必需要看對商品本身的方向，才會有獲利的可能。

但全球的商品那麼多，投資人要能夠掌握一種商品的走勢都難如登天，要對全球各式商品都做出正確的判斷——那更是不可能的事。不過只要有正確的基金投資觀念，那麼就算不懂商品本身的行情，也能夠有穩定的獲利。本篇要論述投資人應該具備的基金五大心法，把握好，投資基金就再也不是難事！

第1部 股市篇　第2部 心態篇

第4部 交易篇　第5部 聖盃篇

# CHAPTER 10 獲利要靠五穩運財法

**公司／經理人／商品／資金／心態**
「穩定獲利」到底需要什麼？

如果想要高風險、高報酬，那麼直接投資台灣股票市場即可；若能構成受更高的風險，期貨跟選擇權也能提供倍數以上的獲利。況且，以上都還是在熟悉的台灣市場上交易，如果操作台灣的商品都無法穩定獲利，那麼像基金一般操作全球市場商品，難度就更高了！投資人要時時提醒自己，無時無刻都有風險存在，追求穩定才是獲利的唯一道路！

讓自己的心態永遠保持穩定，不受市場的影響，才是投資基金獲利的關鍵。話雖如此，許多投資人投資基金時，習慣用定期定額投資，認為這樣分批進場才穩健。不過並不是每檔基金、任何時期都可以這麼做，若沒考慮清楚，那麼定期定額不但不穩健，反而會讓投資人承擔更大的風險。

事實上，若投資基金希望可以穩健獲利，投資人更需要注意接下來我要談的五個特徵——也就是「五穩」。若確實符合五穩的標準，就可以穩健獲利。

## 五穩01
## 基金公司要穩

既然投資人沒有那麼多時間研究全球商品，那麼投資基金時就必須注重穩定性；先求穩定之後，再尋求高獲利才是

正確途徑。

　　首先，要先挑選穩定的基金公司。原則上，規模較大的基金公司比較好。不僅穩定性愈高，公司可挑選的基金類別也較多，投資人也才能挑選出適合自己的基金。

　　不過，投資人應該對雷曼倒閉的印象還是記憶猶新，因此仍然會懷疑大型基金公司就真的穩定嗎？確實，大型基金公司還是有風險存在，所以我們還是要強調那句老話：「雞蛋不要放在同一個籃子裡。」手上的基金最好不要放在同一間基金公司，雖然會比較麻煩一點，不過麻煩才是獲利的關鍵。投資人貪圖方便，最後還是會增加自己投資的風險。

## 五穩02
## 基金經理人要穩

　　一檔好基金的關鍵在於經理人，簡單地說就是基金的操盤手。在國外，比較好的基金都有一個特色：不會隨意變更操盤手。

　　這樣一來，這檔基金的過去績效才能延續。若是頻繁更動基金經理人，這檔基金就無法以過去的績效衡量。因此基金經理人的流動性，也是基金穩定表現的關鍵之一。

　　好比說，巴菲特的基金名稱是波克夏海瑟威（Berkshire Hathaway Inc.），當然啦，投資人買進這檔基金，大多還是沖著巴菲特。若哪天巴菲特退休不再擔任操盤手，相信很多投資人都會陸續贖回這檔基金。投資人申購一檔基金，其實

就是在找一位好的操盤手在照顧自己的資金。因此投資基金不但要看公司，還必須要知道基金經理人是誰，因為基金操盤都是以「人」為本。

## 五穩03
### 投資的商品要穩

既然希望績效穩定，那麼就要尋找穩定的投資商品。如果投資人投資基金時都挑高風險的商品，首先其實不符合預設的目標，其次，不如投資股票還比較穩健一些。

如果是股票型的基金，就可以挑選區域型的商品，像是歐美區域、亞洲區域或是全球型的基金；債券型的基金就要避開高收益的基金，因為投資高收益就讓債券的穩定性失去了原有的目的。

如果是能源或是金屬類的商品，基本上都是風險比較大的，雖然獲利時報酬率會非常可觀，不過投資人要知道：獲利的背後一定會有相對的風險，因此像是新興市場或是高科技類股這些波動比較大的基金，都是屬於投機型的商品，相對不宜拿來當作穩健投資的標的。

## 五穩04
### 投入的資金要穩

如果想要穩健獲利，那麼最重要的因素就是「時間」。可能要花幾年，才會可以得到期望的報酬。

所以如果手中的資金需要放在基金裡面維持三到五年，那麼這些資金就是必需相對穩定的資金；因為當這些投入基金的資金在短期裡可能被使用，投資人對於商品本身的漲跌就會特別關心。一旦需要資金，也可能會立即贖回手中的基金。若是正在獲利的基金，可能會因此而錯過獲利的機會；如果是虧損的基金，那麼也可能因此賣在低檔區，讓操作績效變差。所以這些投入的資金必須是穩定的資金才行。

在投資市場裡，一定要讓時間變成朋友而不是敵人。如果是交易期貨跟選擇權的投資人，能夠獲利的真的是少之又少；不過如果是投資土地的人，就很少看到這些人是虧損的，其中的關鍵就是時間。買進土地的人不會過幾個月就賣出，而買進期貨的人可能幾分鐘就想要出場了。所以如果投入基金的資金可以放超過五年以上，就屬於穩定的資金，那麼當然是比較容易獲利的資金了。

# 五穩05
## 投資的心態要穩

許多人一開始投資基金時，都非常害怕風險，因此會用穩定的方式來投資。不過在投資基金一段時間後，由於看到其他的基金投資人都獲利滿滿，或是短線上出現了可觀的利潤，本來追求穩定的投資人就會開始受到影響，最後就會讓自己也成為基金投機分子的一員，而落到了虧損的下場。

## CHAPTER 11 週年慶才進場

**市場恐慌／現金水位／資金分配**
恐慌的時候才布局就太晚了

---

許多朋友喜歡逛街。有些人為了想要用實惠的價格買到喜歡的衣服或是其他東西，平常逛百貨公司時就會先記下喜歡的物品，等到週年慶檔期來臨，就會把握難得的好機會，一次購足。

不過，若週年慶時節的確最便宜，才需要好好把握這個機會；但現在百貨公司為了增加業績，除了有週年慶外，還有愈來愈多的各式慶典來促銷，像是年中慶、母親節特惠、慶賀爸爸節……等等。消費者的選擇就更多了，相形之下，週年慶的優惠變得時常都有，那麼就不用在週年慶時一次買完，而是可以只挑選自己喜歡的東西慢慢買，不再需要趁週年慶用力血拚。

那麼，何時是基金的週年慶呢？其實基金的投資布局有好幾種週年慶。

## 時機01
### 價格新低，單一特價

如果百貨公司打出單一特價，很多人會把握時間搶便宜，因為單一特價就是史上最低價，之後幾乎不會有更低的價格，因此大家都會趨之若鶩。不過若長期觀察市場，不難發現有時候即使打出單一特價，過段時間後仍有機會看到更

低的價格。

　　消費者可能仍會有些許不滿，不過之前的單一特價的確是當時最低價，因此也算是用優惠的價格買到手，所以比起買到原價的那些人，單一特價仍可以接受。

　　同樣的道理，如果基金的價格來到了歷史的新低價，那麼就是千載難逢的進場好機會。不過看到這樣的機會時，千萬不要太過興奮而一口氣大量進場，因為既然會有歷史新低出現，就表示之後可能還有更低的價格，因此不妨利用定期定額的方式慢慢進場。這樣雖然不會買到最低點，但是可以確保買在低檔。

# 時機02
## 市場恐慌，跳樓拍賣

　　另外還有一種情況，會出現比週年慶更優惠的價格，如果百貨公司即將關門或是遷移，那麼為了要清庫存，就會出現跳樓大拍賣，這是因為經營者為了在短時間可以賣光庫存，不得已才會採取清倉大拍賣的策略。這時買到的商品，幾乎都低於成本，所以非常值得進場採買。

　　在過去數十年來，全球的經濟情勢總是有所動盪，像是世界大戰、網路泡沫、金融危機或COVID-19等等。當市場不安時，會非常恐慌，因此不理性地賣出手中的基金，讓許多商品都下跌到合理的價格之下。因此在此時，投資人反而要勇敢進場開始定期定額買進，因為從歷史經驗可知，無論是

多大的經濟危機，最後總是會安然度過。當然許多公司可能會因此被淘汰，所以前一章所提到的「五穩」基金才是能夠度過危機的關鍵，也是讓我們大膽進場搶便宜的後盾。

## 時機03
## 意外利空，分批進場

　　前述兩個大特賣時機並不是常發生，有時候要5到10年才會出現，在好機會來臨時，要保有一部分的資源是現金，才不會淪為得拋售的老闆；現金當中要有30%～50%左右可以在大量拋售時進場；另外的一半資金，就可以在一般的低價時間進場。就像百貨公司偶爾出現的優惠活動，除了週年慶外，下跌到合適的價格區間時，也多少可以買進一些。

　　若時局平穩，可以看到許多商品都在持續上漲，因此要等到價格跌回到歷史新低是不可求的，所以如果出現一些小利空，讓這些商品出現小幅回檔的走勢時，就要緊抓機會，小量分批進場，讓自己可以參與多頭趨勢的行情。

　　如果是「五穩」的基金，當出現利空讓價格回檔超過10%時，就是可以小量進場的時機。

## 時機04
## 人丟我撿，冷門黑馬

　　由於大多投資人都喜歡買進熱門的基金，因此導致這些

基金商品就擁有充沛的資金，漲勢會更加明顯。如此一來又會吸引更多的投資人進場，所以熱門基金往往價格偏高。

　　一旦市場開始反轉，這類有大量投資人參與的基金便容易因為一點利空就出現恐慌，造成投資人大量贖回。這會讓基金公司賣出這些商品來因應投資人的贖回要求，又導致進一步下跌，而又引發其他投資人贖回，讓這些商品出現很大的跌幅。所以追求熱門基金是很危險的，因為買入價格容易過高，之後又容易賣在偏低的價格，最後就會出現巨大損失，因此建議要避開這些熱門基金。

　　相對之下，如果是挑選冷門的基金，由於這些基金的商品也表現平平，所以市場會慢慢地就會冷落這些商品，許多投資人也會持續賣出這些冷門的基金，這些基金所交易的商品因此更缺乏資金，因此這些冷門商品的基金價格往往都是偏低的。考慮到這些因素，投資人在挑選基金種類的同時，要儘量挑選沒人愛的基金，這樣幾乎都能夠買到相對便宜的價格，等到市場開始注意這些冷門的基金時，熱錢就會開始湧入這些基金的商品，手中的基金就會開始水漲船高。最後就可以輕鬆地賣在相對高的價格，得到可觀的高報酬率。

　　從以上幾種進場的方式可知，基金的進場點也非常重要，如果選對商品，但選錯進場點，那麼也可能會造成虧損；如果選對進場點，即使挑錯商品，都還是有機會獲利。因此如何等到基金的週年慶出現再進場，就是投資人買基金是否可以獲利的關鍵。

# 輸要衝，贏要縮

**金字塔型資金控管／進場時機／出場規劃**
為什麼定期定額不OK？

就投資基金來說，投資人慣用的定期定額，其實在某種程度上來看是不負責任的作法。比較好的方式應該是變期變額，投資人應該要在不同期間有不同的投入金額，這樣才能達到比較穩定的投資績效，也能夠避開不必要的風險。

許多投資人申購基金時，大多選擇定期定額的作法，他們的初衷也就是想利用基金每個月「存」點錢；另外希望這些小錢不單可以持續累積，並且還能夠有額外的獲利。但如果剛好在指數高檔開始定期定額，不但不會累積資產，一旦指數出現大幅回檔，辛苦存的積蓄可能就會損失慘重。

## 申購01
## 金字塔形資金控管

市場上對於資金的控管有兩種較為普遍的方式，如果是趨勢型的投資方式，為了要掌握多頭行情，就要用倒金字塔的模式進行操作，也就是說手中的部位如果開始出現獲利，那麼之後投入的部位就要愈來愈多，才能夠掌握住久久一次的大行情。不過這樣的操作方式大概要半年才會大賺一次，其餘時都在等待趨勢跟試單，並且持續承受不斷的小虧損，

因此一般人都無法承受這樣的作法。

　　大多人可以接受的方式都是持續地低接，也就是正金字塔的加碼方式。一開始先買進小量，如果基金出現虧損，就逐步加碼，讓自己的成本可以愈來愈低。之後等到指數開始反彈回升，就會出現明顯的獲利。

　　不過如果資金沒有控管好，或是指數出現持續破底的情況，那麼等到低接的資金用完，指數仍持續下跌，就會開始出現恐慌，最後撐不到反彈就會停損掉手中的基金。因此也是要考慮資金是否充足，還有商品本身的穩定性。

圖12-1　正金字塔加碼法則

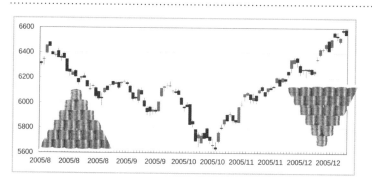

　　圖12-1是加權指數在2005年下半年的走勢，一開始指數從6500點左右開始下跌，如果是低接型的投資人，就會在靠近6000點時開始進場低接。假設指數還是不止跌，繼續下跌到5800點，那麼投資人就會再買進更大的部位。之後若再跌到5600點，低接型投資人還是會進場加碼更多的資金，讓自己的成本愈來愈低，最後指數只要反彈超過5800點，投資人

就會開始獲利。這就是低接型投資人的正三角形加碼法。

不過趨勢型的投資人不會在股市下跌的時後進場，會等到確定出現多方行情時，也就是指數開始漲到5800時，才會開始進場第一筆資金。等到指數上漲到5800，由於手中的基金開始出現獲利，這表示趨勢開始出現，因此會加碼買進第二筆基金。最後指數上漲到6000以上時，手中的基金獲利就會更加明顯，所以會加碼買進第三筆基金。指數一路上漲的同時，投資人會愈買愈多，來把握難得一見的多頭行情。這就是趨勢型投資人的正三角型加碼法。

## 申購02
### 沙漏形資金控管

不過上面兩個三角型都只有進場、而沒有出場規劃，但如果投資人沒有明確的出場策略，往往會因為短線震盪讓自己被洗出場，錯過之後的利潤。所以阿斯匹靈要提供另一個操作方式，也就是沙漏形（Sandglass）資金控管法則。

阿斯匹靈獨家觀點

**沙漏形資金控管法則**

事前規劃

❶ 找到一個五穩的商品。

❷ 找出商品的高低點，計算高低點的中間點。

❸ 找出中間到最低的中間位置，為進場加碼點。

❹ 找出中間到最高的中間位置，為出場加速點。

## 進場規劃

❶ 當五穩的商品指數下跌到中間點以下時，開始小量進場。

❷ 當五穩的商品指數下跌到進場加碼點以下時，開始加碼進場。

❸ 當五穩的商品指數下跌到最低點以下時，再度加碼進場。

## 出場規劃

❶ 當五穩的商品指數上漲到中間點以上時，開始小量出場。

❷ 當五穩的商品指數上漲到出場加速點以上時，開始加速出場。

❸ 當五穩的商品指數上漲到最高點以上時，再度加速出場。

　　若能按照以上的規則來進出場，資金進出的方式就像是一個結合正、反三角形的沙漏，如圖12-2：

圖12-2　沙漏形資金控管法則

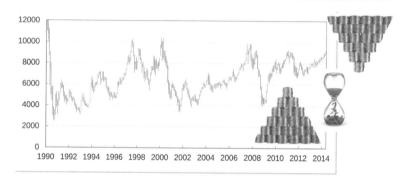

圖12-2為加權指數的月線圖。若以1萬點當高點，2000點當做是低點，那麼就可以算出6000點就是台股的中間點，也就是說要下跌到6000點以下，才能進場買進台股基金，進場加碼點就是位於6000點跟2000點的中間的4000點。

　　當指數下跌到4000點以下，就可以開始加碼進場。如果真的出現超級大利空讓台股下跌到2000點以下，那麼除非擔心台股會有消滅的可能，否則當然是再度加碼進場；相反地，如果台股上漲到6000點以上，那麼手中的基金是要開始慢慢贖回的，6000點到萬點的中間是8000點，也就是出場加速點。如果台股再漲到8000點以上的話，那麼贖回的速度就要加快，如果真的看到台股超過萬點的話，千萬不要太過興奮，而是要再加速贖回台股的基金才行。

　　所以沙漏型的操作方式是把進場三角形跟出場三角形結合起來，投資人只要根據這樣的方式操作，並且不要被市場的過度恐慌或是過度興奮所影響，就一定可以在基金的操作上獲得不錯的績效。


　　雖然有人常說：「贏要衝，輸要縮」，不過那是指短線上的操作。因為風險較高，所以才需要趁勝追擊，並且持續留意風險，不過既然投資人已經按照前面的條件挑選出五穩的標的，就可以改為：「輸要衝，贏要縮」的操作方式。

圖12-3 台股進出場時程規劃

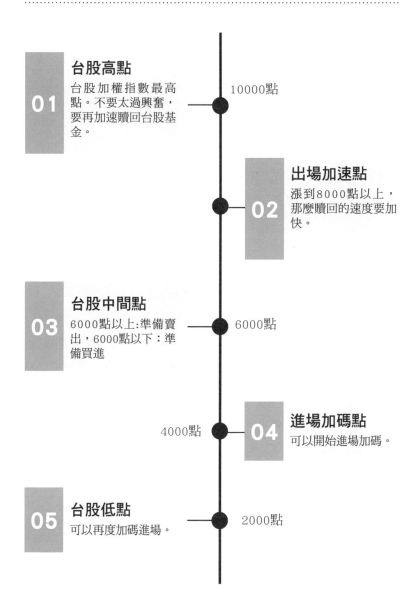

**01 台股高點**
台股加權指數最高點。不要太過興奮，要再加速贖回台股基金。

10000點

**02 出場加速點**
漲到8000點以上，那麼贖回的速度要加快。

**03 台股中間點**
6000點以上:準備賣出，6000點以下:準備買進

6000點

**04 進場加碼點**
可以開始進場加碼。

4000點

**05 台股低點**
可以再度加碼進場。

2000點

第1部 股市篇　第2部 心態篇　第3部 基金篇　第4部 交易篇　第5部 聖盃篇

# 從小就要當股東

**權值股／零股／小股東**

小額資金煉金術

---

　　許多人想投資基金，其中一個原因是因為基金可以用很小的金額，讓自己每個月定期定額扣款，用小錢慢慢累積成大錢。投資人認為股票需要有大錢才能進場，尤其是好的股票股價都很高，若是股價100元，就需要10萬元才有辦法買入一張股票。所以投資者雖然知道有些公司的股票穩定，但是由於投入的資金不足，因此就打消投資的念頭，轉向以申購基金來作為投資的工具。

　　事實上，在台股的開盤時間（9：00至13：30），一般投資人已經可以用電子式交易，在9：10後，以3分鐘一次的頻率進行撮合。另外還有一個專門交易零股的時段，也就是收盤後的13：40到14：30。在這段時間裡，投資人可以下單做零股交易，成交的方式是在14：30時以集合競價[1]方式，一次撮合成交。

　　就算是股價1000元的股票（一張市值是100萬），如果只買三股，也只要3000元就能夠投資。而且現在電腦交易發達，任何時間只要想要交易零股，透過券商的交易軟體就能

---

1　集合競價就是將已輸入交易所電腦系統的買賣單，買方依檔位價將所有買單由高至低累計，賣方依檔位價將所有賣出張數由低至高累計，再找出能滿足最大成交量的檔位價作為成交價，各檔位價的成交量就是該價位買方或賣方較少一方的累計張數。

夠用預約零股交易，非常方便！

　　所以在資金來說，零股交易比基金還要方便，因為交易零股的金額更加彈性。有些基金的申購金額可能要幾千元以上，但是如果只是交易零股，從幾百元到幾十元都可以進場投資。更好的是，零股的交易天天都能夠下單，所以下單的金額跟日期都是完全可以隨投資人需求而決定。

　　但是，大盤裡面的股票這麼多，投資人要怎麼從中挑選出像是「五穩」基金的股票呢？其實一點都不困難，阿斯匹靈提供幾個方式讓大家來作為選股的參考。只要根據這三種方法，就能挑選出五穩的股票。

## 選股01
## 挑選前五十大的權值股

　　如果投資人真的對股票一無所知，不想花太多心思來選股票，那麼在台灣所有公司裡面，權值排名前50名的公司，就是投資人可以長期投資的標的，這50檔標的證交所都會公布在官方網站上，只要在網路上搜尋「臺灣50指數成分股票」就能找到。

　　不過投資人要注意一件事：權值股的排名偶而會出現變動，因此如果有些股票的權值已經不在前50名，就會被證交所剔除，而用新上榜的企業替代。因此如果投資人挑選的股票是排名在40名之後的公司，就要偶而留意一下標的是否掉出榜外；如果是在前30名的公司，那麼被剔除的機率就會小很多。

# 選股02
## 挑選大產業的龍頭

若對股票有點概念的朋友，那麼就可以採取第二種方式，也就是先挑出幾個比較大的產業，再從這些產業當中挑選出其中的龍頭股。因為若產業規模大，那麼整個產業都消失的機率就很低，在這樣的產業當中，龍頭股就是最穩健的公司。

比如，講到水泥業就會想到台泥；鋼鐵業就會想到中鋼；食品業就會想到統一企業，這些公司都值得長期投資。

表13-1 各大產業類股龍頭公司

| | | | |
|---|---|---|---|
| 水泥類股 | 台灣水泥 | 晶圓代工 | 台灣積體電路製造 |
| 食品類股 | 統一企業 | 電子製造業 | 鴻海精密工業 |
| 塑膠類股 | 台灣塑膠工業 | 封裝測試類股 | 日月光半導體製造 |
| 紡織類股 | 遠東新世紀 | IC 設計類股 | 聯發科技 |
| 鋼鐵類股 | 中國鋼鐵 | 光電類股 | 大立光電 |
| 橡膠類股 | 正新橡膠 | 電信類股 | 中華電信 |
| 金融類股 | 富邦金融控股 | 通路類股 | 統一超商 |

# 選股03
## 挑選自己熟悉的產業跟公司

如果投資人對於股票有較多著墨，對於一些產業有深入研究，或是剛好在那個產業工作，那麼就可以從這個產業當中去挑選體質績優的公司。

由於對產業有深入研究，因此對於該產業的上、中、下游公司都會有了解，因此可以挑選的好公司也不少；此外，有些投資人可能有朋友在某幾間公司任職，對於這些公司也會有較多了解，就可以針對這幾間公司進行深入研究。基本上，投資人只要能夠對五到十間公司了解透徹，就足夠讓自己的資產穩定成長。

由於投資零股金額不用多，只要幾百元就可以開始自己的投資，因此不用等出社會賺到一定的錢才能投資，只要手上有五年以上不會動用到的資金就可以開始進場。換句話說，當還是高中生甚至是國中生時，就可以將手中的零用錢拿去買零股，開始人生的第一筆投資。

而且只要持有股票，無論是持有100萬股還是100股，都是公司的股東，因此每年公司要配發股利時，都會一視同仁地配發相同比例的股利，所以我們隨時都可以開始進場當公司的股東，開始享受每年公司的配發股利。

身為父母，想要幫小孩存一筆未來念書或創業要用的基金，也可以在孩子小時就幫他們買進零股，讓小孩從小就開始當股東。在成長的過程當中，小孩自然會持續體驗到公司每年配發股利的好處，自然而然地養成長期投資的習慣。而且由於小孩也會自然地想要關注自己有投資的公司，所以不用父母教導，自己就慢慢地學會投資了。

　　因此零股投資不但是大部分上班族可以參考的投資方式，更是幫助我們培育下一代投資觀念的好幫手。千萬不要小看幾百元的零股投資，只要累積個幾年之後，大家就會發現零股的投資威力是非常驚人的！

第1部 股市篇　第2部 心態篇　**第3部 基金篇**　第4部 交易篇　第5部 聖盃篇

# 翻倍才要擔心

**如何賺／如何賺更多／虧損有方法**
基本面？技術面？區市面？你是哪一種投資者？

在過去，每當我的投資理財演講結束後，偶而會有一些朋友私下來找我，主要想詢問我是否有在幫人操作資金。基本上我都會直接回答：「我的專長是虧損。」

首先，由於許多人對於請人幫忙操作資金的觀念總是不正確，總是對於市場上的「高手」會有過度期待，認為這些人只要輕鬆按幾下滑鼠就可以賺到幾成到一倍的利潤。其實，就連股神巴菲特的年報酬也才30％左右，因此大多數的投資人對於操盤手的能力都有很大的誤解。

再者，專業操盤手與一般的投資人最大的差別就是在控制風險的程度，一般投資人在投資時只會想到獲利的情況，卻很少考慮到可能發生的風險，因此我才會說專業投資人的強項是在「虧損」。

## 誤會01
## 只停損不停利，專注風險控管即可

大部分的投資操作，大多的策略都是只停損不停利，也就是說專業操盤手只要知道一件事：「虧損多少就要準備出場？」或是「利潤吐回去多少就要出場？」讓自己持續專注

在風險的部分，當出現利潤時，就讓利潤自己照顧自己，不會去控制獲利的極限，因為專業操盤手的操作方向就是尋找最大獲利的機會。

不過在基金的投資上，由於操作的方向是穩定的獲利。不去追求獲利的最大化，而是將重心放在穩健的報酬率，加上我們所挑選的基金都是五穩的基金或是績優公司的零股，可說已經把風險的程度降到最低，所以操作方式就要和大部分的操作相反，是要停利不停損的。

由於我們不會將雞蛋放在同一個籃子裡，因此當我們投資的部位出現虧損時，應該要開心才對，因為可以用更低的價格來繼續投資，用最好的價位來投資五穩的商品，因為我們看的是未來的獲利機會。由於前幾年的投資都是只買不賣，那麼我們當然希望價格愈低愈好，等到兩三年後我們已經買到足夠的部位時，價格再慢慢漲上去，對我們來說才是最好的。

## 誤會02
### 一買就翻倍，成本也是翻倍！

所以如果我們買了沒多久，價格就翻倍，那麼千萬不要開心，因為這代表我們必須要用多一倍的價格才能繼續投資。因此當價格翻倍時，我們要用擔心來取代開心，因為我們要投資的是五穩的商品或是績優的公司，因此如果價格翻漲一倍，往往已經接近高檔。因此如果價格離我們買進的平

均成本超過一倍時，這種時候就是要準備減碼出場的時機。

透過以上的投資觀念跟方式，投資人便能夠擺脫一味地追求高報酬但是高風險的交易，而且以往追高殺低的習慣也會因此而慢慢改變。了解投資的真正意義之後，投資人就會轉成追求穩定的獲利，並且會習慣低接高出的投資方式。更重要的是，因為這樣的投資一點也不複雜，因此投資人不用花太多時間就可以達到穩健的投資績效，進而可以好好享受自己的人生。

## 誤會03
## 獲利不靠技術，靠的是趨勢與時間！

許多投資人總是以為要學習許多複雜的技巧，才能夠登上獲利的殿堂。事實上，獲利靠的並不是投資的技巧，投資獲利的關鍵其實靠的是兩個關鍵的因子。

第一個是「趨勢」，如果大盤指數從5000點在一年內上漲上1萬點，一整年上漲了5000點，相當於一倍漲幅，那麼這段時間有買進的投資人幾乎都會賺錢；相對的，如果大盤在一年當中最高只到5800點，最低只到5300點，一整年只有500點的空間，震幅不到10％，那麼就算是高手也很難從中賺到可觀的利潤，因此趨勢是獲利的首要關鍵。

另一個能夠讓投資人獲利的關鍵因子就是「時間」，就算出現了強勁的趨勢，如果時間不夠，也無法有可觀的利潤

出現。透過上面的例子，可知正常有買進的投資人應該都會賺到不少的利潤，不過如果投資人只買了幾天就賣掉，那麼還是無法賺到大錢而如果無法長久投資持有一個商品，是不太會有穩定的利潤的。

在進場投資基金前，要先有投資五年以上的打算，而這五年當中一定或多或少會出現一定數量的趨勢行情，因此投資人不但有時間、而且也一定可以參與其中，幾年下來投資的績效一定可以穩定成長。

# 第4部

# 交易篇

許多人往往在我演講結束後，會趕緊跑來問我許多問題；或是有朋友在吃飯時跟我碰到，也會上前來跟我討論一些股市的議題，不過大多人最喜歡問的問題都是：「這個盤你怎麼看？」而不是「這個盤你怎麼做？」這兩個問題看起來差不多，事實上可不太一樣。

大部分的投資人可能認為只要知道對行情的看法後，那麼作法就很簡單了。事實上，對於行情的看法跟作法是完全不同的兩件事，有些人可能認為看多，但是卻去做空；或是有些人說他看很空，但卻買進股票。

　　老實的投資人聽到這樣的作法，很可能以為這個人是刻意要欺騙感情，事實不然。會造成這樣的結果主要是有兩個原因。

## ▌週期不同，不相為謀

　　許多人在討論大盤的多空時，往往都忽略掉一個重要的因素，就是投資者本身的交易「週期」。如果去問一位以基本面為主的分析師，那麼他的看法往往都是以半年到一年以上的週期為基準；若去問以當沖為主的交易員，那麼他心裡的多空，應該都是近一週的看法。由此可見，假設基本面分析師跟當沖交易員當面討論，那麼一定是牛頭不對馬嘴。

　　所以若自己的交易週期與被諮詢的分析師不一樣，去請教他們只會徒增自己交易的困擾。如果自己是短線交易者，明明已有賣出的訊號出現，但是卻去聽了一場基本面分析師的演講，認為目前經濟局勢強勁，非常看好股市未來的表現。這樣的看法可能沒有錯，但與自己的操作原則是相違背的。本身是短線交易者，就算一年後股市上漲，但是在短期出現大幅度下跌，傷害還是很大。

反過來說，若是基本面的投資者，聽到短線交易的演講會如何呢？講師在上頭說近期可能會出現許多利空，將會導致股市出現大幅下跌。投資人聽完演講後心生恐懼，就把手中的績優股都賣了，但是由於不知道何時可以買回，因此最後可能就錯過了一年後的大行情。這都是因為週期不同所造成的誤解，對投資產生了不利的後果。

所以投資人一定要知道自己的交易週期，並且根據自己的週期來挑選適合的參考資訊來源，比如演講或是書籍都可以，這樣才會對自己的交易有幫助。無論是短線的當沖或是長線的基本面，這都是讓資產穩定增加的方法。不過重點是要持續地專精其中一項。若一下子作短線，下個月又想要做波段交易，那麼一定會讓交易變得混亂，最後就會導致出現嚴重的問題，這要特別留意。

## 看法會過去，當下是交易

有時候我們聽演講時，由於演講者想讓內容精采一點，再加上投資大眾也想聽結論，所以在台上的分析師往往都會鐵口直斷，告訴你未來一定會上漲，或是說目標價上看多少，讓投資人信心大增，恨不得可以馬上進場。

但真的等到實際交易時，就會發現無論分析師講得多麼有信心，結果還是有時準有時不準。因此一旦不準時，失望就大了，甚至會遷怒分析師讓自己投資虧損。這時，很多投資人會覺得不如尋找下個更準的分析師或部落客。但在一段

時間後，又會發現新找的這個老師還是不如意，因此再尋找下一個，陷入無限迴圈，沒有終止。因為投資者一定找不到百發百中的預言家。

其實無論是什麼看法，根據的都是過去的數據。無論是基本面的經濟強勁成長或是技術面的黃金交叉買點，還是說大戶主力在偷偷買進……這都是過去的資料。但是股價則是反映未來的情況，因此一旦情況有變化，股價就會跟著變化。所以原本的強勁基本面如果遇到天災人禍，就會導致經濟轉成衰退，原本的買進技術面遇到股價大跌就會轉為要賣出，甚至前幾天大買的主力或法人可能都會在今天就轉為出貨，因此過去的看法就失效了。

因此看法都是過去的，若要應用在交易，投資人需要的是完整的交易策略，也就是說基本面轉好或是基本面轉差；技術面要買進或是技術面要賣出；主力大買或是主力大賣，正反兩面的情況通通要考慮進去。這樣我們在交易時，才能夠根據當下的情況來做出正確的動作。因此，大多數的判斷都會過。我們一旦進入交易之後，面對的就是當下的各種情況，而這些情況過去不一定發生過，專業的交易者就是要依據當下的情況。隨時做出最正確的判斷，就能夠有穩定的績效出現。

所以本篇就是幫助大家加強自己的交易能力，因為看法永遠無法幫助獲利，想要獲利的話一定是要透過交易。因此如何讓自己的交易愈來愈穩定，就是績效成長的最大關鍵。

# CHAPTER 15 當沖真的最好賺

**本能／多練習／不要刻意學**
成功的當沖者，不是靠頭腦，而是靠反應

　　在當沖交易的世界裡沒有多空的存在，只需要波動！因此無論是上漲還是下跌，對於當沖交易者都沒有什麼差異，他們只要市場有波動就好。由於是當沖交易的關係，因此市場不必有太大的行情，只要在盤中有少許的波動出現，就是他們進場捕捉獲利的時刻。

　　所以可以看到成功的當沖交易者，幾乎是天天獲利，最起碼也是每週都獲利。相較於短期、中期或長期的交易者來說，當沖交易者的獲利可以算是最穩定。

## 模式01
## 交易模式複雜，決策非常多樣

　　也因為以上的原因，許多投資人也想要踏進當沖交易者的殿堂。不過當沖交易雖然獲利穩定，但卻是最簡單也是最複雜的交易模式。「複雜」指的是當沖交易永遠無法用一樣的模式持續獲利，由於盤中的現象持續變化，所以假設昨天的指數突破盤中的高點，應該要追多買進；今天盤中的突破高點，可能就要反手賣出。看似一樣的訊號，由於背景完全不同，因此也會出現不同的交易結果。

　　舉例來說，如果盤中指數突破高點時，是大型股在帶頭

上攻，那麼應該就可以追多買進，因為權值股是會帶動指數上漲的；相反地，如果盤中指數過高時，是小型股帶動的行情，那麼由於小型股對於指數影響不大，因此這種時候的過高可能就會是反手操作的賣點。

但是如果再換成另一種狀況，又會有不同的結果。像是指數過高時，雖然是大型股帶動，但是由於大型股都沒有創新高，因此可能是拉指數出股票的格局，這種時候可能就不能追多買進，是要反手賣出的；又或是當小型股帶動指數過高時，由於這些小型股的融券都非常多，走高會引發軋空行情，因此這種時候就不能反手賣出，而是要追多買進。

就像是圖15-1，若用「指數過高」為例，這樣一個簡單的狀況，而且單只考慮兩個變因就會有四種的思考模式；若再多思考幾種情況，譬如是否是帶量上漲、指標是否出現背離以及亞股是否強勢，就會愈來愈複雜。

**圖15-1** 在指數過高時的思考模型

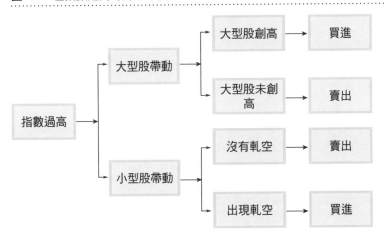

更可怕的是，實際的情況會比上面更複雜。當沖交易者可以考慮的時間不到一分鐘，甚至在幾秒鐘之內就要做出決定。在時間與盤勢兩方面同時傾軋下，可想而知交易的複雜程度。

當沖很複雜，因此投資人即使聽再多講座或是看再多書籍，也很難精通。可說想靠學習來得到當沖的交易技巧幾乎是不可能的，所以常常會聽到人說當沖需要靠天份。但在另一方面，當沖也是最簡單的技巧。為什麼為這麼說？因為「複雜度」是針對大腦而言，如果我們不靠大腦來學當沖，可說每個人都一定能夠學會，所以才說當沖是最簡單的。

## 模式02
### 身體自然學會，養成當沖技術

如果不靠大腦學習，要靠什麼學習呢？

其實我們在很小時，就學會一項這輩子當中最困難的事情，卻是每個人都有辦法學會的，那就是「走路」！大家一定會很訝異，走路怎麼會困難呢？請大家想想，如果要上台講解如何走路，或是出本書來說明如何走路，這還會是件容易的事嗎？

走路的「技巧」很難，光是抬起一條腿就要牽動很多身體部位，更何況要輪流抬起兩隻腳來走路，那需要全身許多肌肉一起配合才有辦法做到。在目前高科技的時代裡，仍然沒有辦法製作出可以自然走路的機器人，這就知道走路是多

麼困難的一件事。只是因為我們從小就學會走路，並且天天在走，所以才不覺得難。就像一位彈了30年鋼琴的音樂家，一點也不覺得彈出一首曲子是件難事。

那麼我們是怎麼學會這麼困難的「走路」呢？

我們人類學習技巧基本上分成兩個部分，比較簡單理性的部分，我們就會交給大腦去處理跟學習；如果是比較困難或是藝術類的成就，就要交給我們的身體才行。舉凡彈鋼琴、游泳或是騎單車等等，都是大腦無法學習的技巧，因此需要交給身體、也就是我們的潛意識來學習。

我們的潛意識很強大，它除了無時無刻不斷地讓心臟運送養分給所有細胞跟器官、讓腸胃消化所有的食物、還有處理新陳代謝的事務，還要幫我們順暢地走路。如果不小心踩到石頭身體失去平衡，潛意識還要在一瞬間驅動到所有需要使用的的肌肉來幫助我們恢復平衡，所以前面才會說如果透過潛意識來學習當沖的話，就會非常簡單了。

潛意識該如何學習呢？回想一下小時候如何學走路就可以知道。小時候學走路沒有人教，我們只是看大人都會走路，然後開始每天練習。這中間的過程就是不斷地跌倒，然後再不斷地站起來練習，反覆循環。由於我們大量地練習走路這件事，因此身體就慢慢地記住走路的感覺，最後我們就學會了。

學習彈鋼琴也是一樣，讓手不斷地彈，經過一次又一次地失敗、加上大量的練習，我們自然而然就會彈琴了。潛

意識學習還有一個重點，就是不能讓潛意識在學習的過程中遭受嚴重的創傷，否則潛意識會開始對練習該項技巧有所恐懼，讓學習出現很大的障礙。

就像如果我們請鋼琴老師教琴，一沒有彈好就打小孩的手，這樣孩子就會恐懼練習鋼琴，就無法順利學琴了。所以從小走路學得最好，因為我們只是踏出了一兩步，就會受到父母親的鼓勵，不小心跌倒了，也會趕緊來扶，並且安慰我們，所以潛意識會覺得學走路是件開心的事，也因此可以學會走路這樣複雜的技巧。若父母在小孩學走跌倒時拚命責罵，那麼這個孩子應該就很難學會走路了。

所以從學習走路的經驗來看，要想讓身體學會當沖，第一是要大量地練習，所以我們必須準備足夠的資金來當作學習的成本；第二就是在練習當沖的過程中，不能出現嚴重的創傷。也就是才剛踏入領域的當沖交易者，如果一下子投入太多金額，又在短時間內虧損大量資金，他就會開始對當沖交易產生恐懼。要是每次下單前虧損的恐懼就會浮上心頭，自然就不能好好地下單。

## 模式03
### 盤感來臨，用感覺操作

如果我們練習得夠久，也沒有受到嚴重的創傷，那麼我們就會擁有「盤感」。就是當行情將下跌時，可能不知道有什麼原因會下跌，但是就是想要放空；當行情準備上漲時，

我們也會有感覺出現，帶領我們進場買進，而我們所要做的，就是相信這份感覺。

就像騎單車要轉彎時，我們從來不會用大腦來思考到底要轉多少的角度，而是只憑感覺轉彎，若無法轉彎的話再持續修正角度即可。只要練習久了，身體自然就會知道怎麼過彎，因此如果投資人想學習當沖，千萬不要使用頭腦，因為那會讓當沖變得非常複雜，導致信心全失。只要相信我們的「感覺」，慢慢地練習並且注重風險，只要假以時日，就可以成為當沖高手。

## CHAPTER 16 波段處處是考驗

抱不住／波段為什麼難／獲利的考驗

最難的是──忘記買進的股票

　　許多人做短線、甚至是當沖交易時，會覺得短時間的交易實在是高深莫測，因為短線上的變化往往是隨機的，總是會一下子漲又一下子跌，是非常不穩定的多空走勢。所以這些短線交易的人就會開始想要轉成中期的操作，也就是「波段交易」。

　　不過在現實裡，波段交易的難度往往更高，而且需要花上更多心力。感覺上明明就是抱牢就可以做好的交易，它的難度在哪裡？

## 難度01
## 信心的考驗

　　要在長期投資上賺大錢，所需要做的只有兩件事，買進一檔好股票，然後忘記那檔股票，好好地去度個假就可以了。不過要投資人買進股票後又忘記手中的股票，基本上就是最困難的事情。

　　投資人買進股票後，就會開始時時刻刻都注意手中標的，更嚴重的還會天天看自己的績效變化。明明是想要投資一、兩年的股票，卻忍不住一、兩週就看一下股票的價格，而這樣的關注股票就是波段交易的最大致命傷。因為我們既

然會去關心股票，就暗示著我們的擔憂太多、信心不足！

　　舉個例子，若去麵店點碗麵，應該會在座位上開心地與朋友聊天，而不是一直望著廚房，盯看老闆是否有在煮麵。

　　除非已經知道老闆很健忘，如果不時時盯著，可能真的就忘掉這碗麵，因此才須不時地關注老闆的情況。回過頭來說，若常常回頭看原本應該預設為長期的投資，那就表示自己的信心不夠，對這項投資非常擔憂！

　　以圖16-1為例，本圖是台積電的月線還權走勢圖，投資人若在民國83年買進一張台積電，經過20年的配股配息之後，成本只省下2元左右，但是台積電在103年7月時股價來到140元左右。換句話說，83年買進台積電的投資人如果放著20年不賣，報酬率將高達70倍，可以說相當驚人！

**圖16-1** 投資台積電20年，投報70倍！

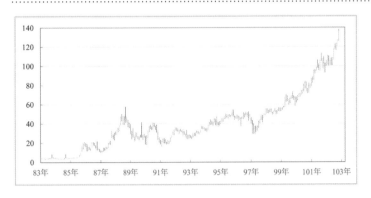

　　但是實際情況沒那麼簡單，譬如說，在民國89年，股價還權來到將近60元，那時候已經有30倍的報酬；不過受到網路泡沫的影響，股價還權出現重挫走勢，也就是說當年的報

酬率從30倍陡降到剩下10倍。如果當時持續關心台積電股價的投資人，一定會被在報紙上天天出現的利空消息嚇到，最後賣在低點附近，就不一定能享受到後面更強勁的多頭走勢了。

大部分的人往往無法做到這麼長的波段。除了公司的大股東，可以做到的人往往都是能夠忘記自己有這檔股票的人，因此才有辦法持續持有一檔股票超過十年以上。不過，別說是超過十年、報酬率超過十倍的股票，若只是要投資人抱牢一檔股票一年，並且持有的報酬率超過一倍，能夠做到的人就已經少之又少了。

為什麼波段交易會這麼困難？其實看似簡單的波段交易，在面對現實市場時，在上漲的過程中除了有信心考驗，還會面臨其他的考驗。若無法通過，就無法完整地享受到波段交易的整體利潤。

## 難度02
## 獲利的考驗

要進入波段交易的路途中，獲利是首先碰到的最大考驗。投資人也許會納悶，為什麼是「獲利」呢？事實上，大多數的投資人一看到手中的股票出現獲利，就會想要趕緊出場；相反地，如果手中的股票出現虧損，則想要等到回本才賣掉。

不過有時候由於股票會一跌不回頭，因此這些股票就會維持長時間的虧損。因為將獲利的股票都賣掉，但是虧損的股票都捨不得賣，最後造成投資人「習慣虧損」的錯覺。所以無論何時，大多數的投資人只要打開自己的股票庫存，就會發現帳面上幾乎都是虧損。這會讓大多投資人產生兩種矛盾的心態。第一是習慣手中的股票虧損；其次是看到手中的股票獲利後，就會擔憂若不快點賣掉就會跟其他股票一樣進入虧損的套牢狀態裡，所以最後造成投資人習慣虧損、但是卻不習慣獲利的怪象！

　　因此，若投資人手中有股票虧損，一定要想辦法慢慢地出清這些股票，並且重新告訴自己「獲利是應該的！」雖然偶而會有股票獲利之後又轉為虧損，但是也有很多股票獲利後又出現更大的獲利空間。把自己的思維朝向獲利的方向，這樣才能勇於抱住已經獲利的股票不出場。只要能夠扭轉過去的思維，讓自己總是只賣出虧損的股票，並且留住獲利的股票，慢慢地，有天當我們打開股票庫存時，就會發現幾乎都是獲利狀態，表示我們已經轉向正確的道路，成為一個「習慣獲利」的投資人了。

# 難度03
## 盤整的考驗

　　當股票出現獲利後，我們也能順利地抱牢，那麼就要準備進入下個階段——也就是當股票漲到一定程度，就會開始

出現整理的行情。手中的股票可能會持續在一個區間內來回震盪。

當股價上漲幾天後，投資人可能會很開心，認為手中的股票又要展開一段行情。結果股票又開始回檔，並且連續下跌好幾天，這樣的過程可能會來回好幾次，時間從幾週到幾個月都有可能。由於一段時間獲利無法再增加，因此投資人的心情可能會開始愈來愈煩燥，如果這段期間看到其他的股票也在上漲，就會有股衝動想要賣掉手中的股票，換成目前正在上漲的標的。

結果，往往是去追高其他的股票，而這些強勢的股票也可能正準備要進入整理，最後就會發現自己怎麼老是一買進股票，就開始進入整理；先前賣掉的股票反而會繼續上漲的行情。這樣持續換股的結果是吃力不討好，也無法完整享受到整個多頭的行情，投資人要儘量避免這樣的情況。

因此如果投資人擔憂自己無法克服盤整時期的煩躁，建議一開始挑選標的時就要多挑選幾檔，並且各大類股都要有持股。如此一來，當電子類股進入盤整，持有的電子股雖然不太會漲，但由於手中還有金融股跟非金電類股，因此當資金從電子轉向金融或非金電類股時，手上仍有接棒上漲的股票，心情就會較容易調適。

# 難度04
## 虧損的考驗

假使投資人通過一開始的獲利考驗，也通過了中段整理考驗，最後的難關就是虧損的考驗。

波段交易的最大重點就是「按表操課」，也就是將波段交易的策略白紙黑字地寫在筆記本上。只要股票還沒有符合出場條件，就不賣出手中的持股。不過，先前漲愈多的股票回檔時，往往愈會讓投資人擔憂。

舉個例子，假設一檔股票一開始是50元（一張是5萬元），這個時候如果回檔10％，換算成實際金額就是5元（5,000元），如果這檔股票持續上漲到100元的話（一張是10萬元），一樣回檔10％就會是10元（1萬元）；因此當投資人手中的股票如果漲幅愈多，回檔的金額也會愈來愈大，於投資人來說，也是愈發嚴峻的考驗。

因此波段交易無處不是考驗，投資人想賺取完整的波段利潤，需要的不是交易的技術，而是交易的心法，而每個人需要的心法也不盡相同。有些人可能無法通過獲利的考驗，有些人則是無法通過盤整的考驗。因此投資人要針對自己的習性來找出一套辦法，克服以上的四種考驗，這樣才能完整地做到看似簡單、但實際上很複雜的波段行情。

# 寫下來就能獲利

**CHAPTER 17**

**隱性學習／顯性學習／要有紀律**

要按表操課的第一步：寫下來

　　大部分的投資人在進入市場後，雖然學習到愈來愈多技巧，不過交易的績效卻沒有明顯地上升。最後導致投資人認為交易是一件很複雜的事，只好繼續學習更多更複雜的技巧。

　　殊不知這樣剛好是與正確的交易心法背道而馳，只會讓交易的績效愈來愈差。事實上大多的投資人在交易上都有個特性，就是無論學習多少交易的知識或技巧，最後真的要下單時，說穿了還是靠感覺。無論股票有沒有賺錢，這永遠會是投資人最喜歡問的問題。

　　「手中的股票該不該賣？」如果這個時候反問投資人「當初為什麼買入」，大部分人都無法準確回答。就算投資人說得出來當初買進的原因，但如果手中有多檔股票，基本上每檔股票的買進原因都不大相同，也就是說投資人在交易時，往往沒有固定的規則。另外，由於投資人都學習太多技巧，因此如果投資人「感覺」想要買進一檔股票，那麼幾乎是一定可以找到相關的技巧或分析來支持自己買進那檔股票。因此最後看似是有條件地在交易，但事實上還是由感覺主導一切。

　　為什麼應該理性的投資，會變成用感覺去決定？這其實

與我們如何學習一件事，或一項技巧有關。這樣的學習可以分成兩種方式：

## 學習01
## 隱性學習，時間夠久就有成績

　　隱性學習就是我們無法發現的學習過程，也就是透過潛意識學習，就像走路、騎單車、彈鋼琴或是極短線當沖交易，都是靠身體在學習，也就是說我們靠感覺在學習這些技巧。

　　因此想要學得好，就是持續不斷地練習，讓身體慢慢地記住那種感覺。

　　不過隱性學習確實是要花時間，如果我們每天只練習彈鋼琴十分鐘，跟每天練習鋼琴十小時的人比起來，就會有非常大的落差。一首貝多芬的交響曲，如果每天練十分鐘，可能要花一年才能學會；如果每天練十小時，可能一個月就可以上手，所以隱性學習的關鍵就是在於練習時間的多寡，只要練習的時間夠久就能夠學會想要學習的技巧。

## 學習02
## 顯性學習，寫成文字才有效！

　　顯性學習，也就是我們一般學習知識的進程，是透過大腦「有意為之」的學習。只要整理成書面資料——也就是課

本——就能進行有效率且明確的學習。

因為我們的大腦除了需要花時間來理解一件事，而且由於記憶力有限，因此需要將所有的知識跟經驗都寫下來，才有辦法一步步學習並成長。

如果投資人一天花在交易的時間不超過一小時（不包含看盤跟分析的時間，指純粹交易的時間）那麼潛意識學習是不夠的；只靠這樣的學習時間，可能要交易十年才有機會掌握交易的精髓，這還是要得每天交易才有辦法做到。

所以如果投資人希望加快投資學習的腳步，那麼是一定要好好善用顯性學習的方法。

## 學習03
## 紀律學習，按表操課就獲利！

投資人要先準備一本筆記本，把交易學到的知識或技巧全部寫在這個筆記上，每當有新的想法出現時，就可以趕緊寫入筆記本當中。或是投資人剛上完一堂課，就把課程中對自己有幫助的觀念跟技巧寫進這個筆記本，過一段時間之後再將筆記本的內容複習一遍。

經過一段時間，筆記本的內容自然會愈來愈多，甚至顯得內容愈來愈雜亂，這時就要買一本新筆記本，把有必要留下來的觀念與技巧整合後寫進新的筆記本當中。如果是透過這樣的方式，就會發現只要夠努力，學習的速度就會愈來愈快。當然對於交易也會有很大的幫助。

剛剛我們提到的是學習交易的筆記本，另外，再準備一本是實戰交易用的筆記本。我們可以把操作的想法與規劃寫在這本筆記本的前幾頁，之後的交易都要照著寫在這本筆記本裡的內容進行。這樣一來，如果一段時間後交易績效不佳，我們才會知道是哪個環節需要加強。舉例來說，若交易半年後發現總是太慢出場，導致獲利變少，那麼我們就可以針對出場的技巧進行加強；若進場的時機總是太慢，那麼我們之後就必須花心思在進場的技巧上。這樣持續針對比較弱的環節進行加強，交易的績效自然會愈來愈穩定。

　　不過，這樣的操作看起來簡單，實際上投資人在剛開始這樣做時，就會遭遇一個很大的挑戰，就是我們很難循著白紙黑字的規則；主要是因為當我們想要按規則買進時，「感覺」就會冒出來影響我們。這份感覺也許讓我們擔憂這次的交易可能虧損，因而讓投資者開始對於寫下來的規則有所動搖。必須經過這個過渡時期後，才有辦法安心地按表操課，進入顯性學習的階段，只要我們開始用正確的方式來學習交易，那麼很快就能夠穩定獲利。

## 18 先賺錢才進場

**虧損也很重要／6個重要策略／先賺到錢**

虧多少在自己，賺多少看行情

孫子曾說：「是故勝兵先勝而後求戰，敗兵先戰而後求勝。善用兵者，修道而保法，故能為勝敗之政。」（《孫子兵法》〈軍形篇〉）

## 必勝01
### 先控制虧損，再想賺錢

孫子的意思是，打勝仗的軍隊總是在具備了必勝的條件後才出戰，而打敗仗的部隊總是在打仗之後，才在戰爭中企圖僥倖取勝。所以善於用兵的人，總是努力研究如何制勝的方式，並且持續堅守能夠打勝仗的規則，所以才可以主宰戰勝的勝敗。

交易就如同《孫子兵法》所說，如同作戰！因此能夠獲利的專業操盤手，總是在還沒有進場之前，就先設想到所有的情況，使它周到完善；在還沒有進場之前，就能夠讓自己立於不敗之地。《孫子兵法》前段也提到：「昔之善戰者，先為不可勝，以待敵之可勝。不可勝在己，可勝在敵。故善戰者，能為不可勝，不能使敵之必可勝。故曰：勝可知，而不可為。」

簡單地說，先確定自己不會被敵方打敗後，再等待可以

打敗敵方的機會。所以，不敗的條件掌握在自己手中，能否戰勝敵人的關鍵是在敵人是否出現可趁之機。因此在交易之前，我們就要讓自己立於不敗之地，也就是說無論市場發生什麼情況，我們都要做好準備，並且將虧損控制在可以接受的範圍內，這樣才可以進入市場上交易。虧損控制在多少範圍內是我們能夠掌握的，至於到底能夠獲利多少則由市場決定，因此如果把孫子兵法套用在交易上就是：「虧多少在自己，賺多少看行情。」因此在交易之前，投資人起碼要準備好完整的交易策略，基本上完整的交易策略可以概略成以下六點。

## 必勝02
# 完美六策略，全面獲利

### 📑 策略1 ▶ 進場條件

交易不是每天都有機會，無論是哪種交易，觀望休息的時間都會比實際交易的時間還多，因此一定要訂出客觀的條件。當市場符合這些條件時，才可以開始準備進場操作，否則如果是在不宜進場的時機進場，那麼就算有再好的交易技巧，也不會有好的績效。

## 📑 策略2 ▶買進時機

可以開始進場之後，就要針對當次的行情進行完整規劃。有了這些規劃，就可以訂出買進的時機。如果是交易股票的投資人，那麼還要加上明確的選股條件，有了明確的買進規則後，當市場一旦符合這些規則，就可以安心進場。

## 📑 策略3 ▶買進數量

許多投資人雖然有明確的進場條件跟買進規則，不過往往缺了資金控管的部分。

也就是說當投資人想買進時，要買多少都是看感覺。這樣若市場充滿貪婪的氣氛時，就會發現投資人動不動就是滿倉的情況，而資金控管不當往往就是投資績效的致命傷。因此在交易策略中，一定要有明確的規則，來限制買進數量的多寡才行。

## 📑 策略4 ▶加碼條件

由於投資人一開始買進就是看感覺決定買進數量，因此通常不會有加碼動作。不過趁勝追擊就是讓績效大幅成長的關鍵，因此一定要明確地規劃加碼動作。當投資人知道何時是加碼的時機，不但會增加持股的信心，同時也會對績效有正面的助益。

## 策略5 ▶減碼條件

當一個行情持續一段時間，市場慢慢就會變得不穩定，這個時候就會有「警訊」，而這些警訊就是拿來做為減碼用的。有些投資人往往會把減碼的警訊當作反向操作的訊號，反而是很危險的事，如果要反向操作的話就要從前面第一個條件開始才行。

## 策略6 ▶出場條件

就算出現過減碼的警訊，手中仍要持有原本的部位，因為減碼並不是出場的訊號，一定要等到看見出場的條件時，才能出清手中的部位，以確保可以完整地做完整個行情。

當投資人已經掌握以上六點的交易策略時，基本上就可以透過歷史股價走勢進行簡單的模擬，看看這樣的策略在過去的績效表現如何。不過就如同前面所說的，交易策略的最大重點還是風險的控制，只要是能夠控制好風險策略，那麼只要市場出現對的行情，那麼就會出現獲利的契機。

# 必勝03
## 勝兵先勝，未進場就先賺錢！

因此我常對投資人說：專業操盤手其實就是虧損的專家，因為事實上能夠控制的也只有虧損。不過一般投資人總是只控制獲利，因為一旦獲利之後投資人就會天天關心，想

要趕緊賣出。但投資人通常不會去控制虧損，因此才會造成虧損愈來愈嚴重。

交易市場上可以分成兩種交易人，一種是控制風險的交易者，因為這是唯一能控制的；另一種就是整天只想控制利潤者，不過利潤是永遠都無法控制。

回到孫子兵法一開始說的：「勝兵先勝而後求戰。」如果從今以後也開始努力地控制唯一能控制的風險，那麼基本上還沒有進場之前，就是賺錢的投資人了。

**圖**18-1 進場前，先擬好必勝六策略

---

❶ 進場條件

---

❷ 買進時機

---

❸ 買進數量

---

❹ 加碼條件

---

❺ 減碼條件

---

❻ 出場條件

---

## CHAPTER 19 停損是獲利保證

大賺／大虧／小賺／小虧
控制風險，績效才會上升

有朋友常常在我演講後，會私下前來請教，問我是否有在幫人代操？一般投資人往往以為專業操盤手的強項是獲利，事實上剛好相反。獲利是一般投資人的強項，專業操盤手的強項都是「虧損」。因此當我回答：「我的強項是虧損！」投資朋友們往往敗興而歸，但卻是千真萬確。

## 保證01
## 大行情看不出專業

如果行情是大多頭，那麼只要拚命做多就會賺錢，根本看不出誰比較專業，只能看得出誰比較敢「賭」而已。只有在空頭來臨時，能夠守住之前獲得績效的操盤手，才是最優秀的。

圖19-1是台指期貨從2005年1月到2009年4月的日線走勢圖。從圖中可以看到指數在6000點震盪一年後開始緩步走高，最高來到9800多點，之後就開始往下震盪走低。最後是急跌到4000點才止跌回升，到了2009年4月又再度回到6000點，可以說是回到原點行情，只是先往上，再往下出現大幅度的震盪而已。

圖19-1　台指期貨日線走勢圖

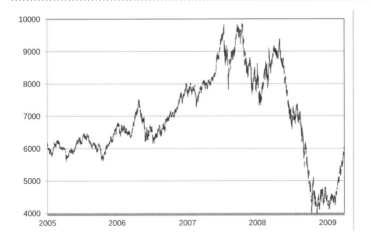

假設投資人擬定簡易的交易策略：

➡ 每天開盤買進　➡ 每天收盤賣出

➡ 不計算交易成本

若在這段期間如此操作，其績效結果如圖19-2。

圖19-2　「開盤買收盤賣」策略下的績效圖

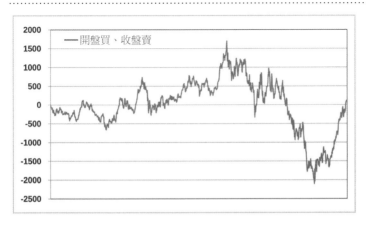

從圖中可以看到若透過開盤買、收盤賣的策略進行交易，可說當天收紅K就是賺錢，當天收黑K那就是虧錢；換句話說，多頭時就會常常獲利，空頭時就會常常虧損。我們可以看到當指數走多頭時，這樣的簡易策略就可以持續獲利，最大的獲利點數是超過了1500點之多（不含交易成本）。

不過當空頭來臨時，可以看到這樣的策略就會持續虧損；虧損最多是來到了2000點的水位，直到行情又轉為多頭時，績效才再度往上。最後當指數回到6000點的原點時，績效就回到歸零的位置附近。

## 保證02
## 控制風險是顯學，績效完全上升

因此我們可以看到，正常的多單策略就是多頭時會賺錢，但是空頭一樣會造成虧損，甚至虧損的程度還會超過之前賺的利潤。如果沒有控制風險，最後交易不但會是一場空，運氣不好的話還會血本無歸。所以交易最重要的就是控制風險的程度，假設開始學會控制風險，那麼就可以將先前的簡易策略調整如下：

➡ 每天開盤買進　　　➡ 每天收盤賣出

➡ 控制風險在50點　　➡ 不計算交易成本

可以看到我們只加入一個控制風險的策略，那麼經過這樣的調整之後，績效就會有完全不同的變化，如下圖：

圖19-3　多增加「控制風險」策略下的績效圖

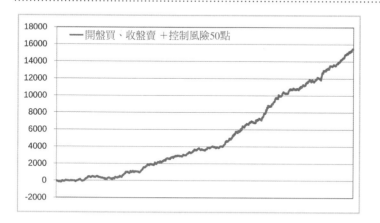

我們可以看到在控制住風險後，績效就會是持續成長的情況，因為交易不外乎只有四種結果，也就是「大賺」「小賺」「小虧」跟「大虧」，如果我們沒有控制風險，那麼大概會是如圖19-4的情況：

圖19-4是投資績效的幾種常態分布圖。從圖A來看，大部分的交易大多都是小賺小賠，只有偶爾才會出現一次大賺或是大虧。如果不去控制交易的結果，在不考慮成本的情況下，只要各經過一次多空行情，績效都應該能夠打平。

**圖19-4 績效分布圖**

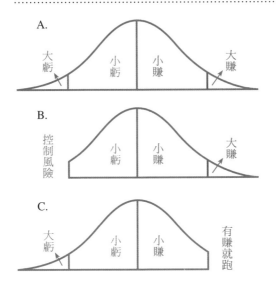

　　但如果我們懂得控制風險，那麼交易情況就會變成是圖B的分布。圖中可看到在控制風險後，交易上就再也沒有大虧的狀況。平常小賺、小賠時績效都不會明顯上升。但是等到大賺出現後，就會看到績效開始往上。這也是為何我說「專業的操盤手只負責控制虧損」，就像是前面的簡單交易策略，一旦加上控制風險的因素，績效就能夠一路攀升。

　　不過大多數的投資人往往會做相反的事。大多數人都喜歡有賺就跑，虧損也不會立即出場，會想等待回本；也就是說完全不去控制風險，反而只會去控制獲利的情況。這樣的交易損益就會像圖C一樣的狀況。

　　在圖C中，大多數的投資人控制獲利後，常常小賺小賠；但是一旦出現風險，往往就會出現重大虧損，長期而言

投資績效會持續向下。不過由於這樣的大虧情況都是久久才出現一次，因此投資人可能過不久之後又會忘記上次的教訓，永遠陷入持續重複的虧損陷阱當中。

## 保證03
# 虧損達人＝獲利達人

因此我們在看投資人的交易策略時，只要看一下策略上是否有風險控管的部分，就能夠知道是否可以獲利。如果沒有風險控管，那麼輸贏就是一半一半，如果不但沒有控制風險、還刻意去控制利潤，這樣就幾乎是穩輸不贏了。

投資人了解這個道理後，應該讓自己努力成為虧損達人，無論是交易股票、期貨、選擇權、權證還是國外商品，只要先訂出一個完善的風險控制策略，那麼只要持續地長期交易，就可以享受到獲利的果實。

# 第5部

# 聖盃篇

「聖盃」，是耶穌受難前所使用的葡萄酒杯，因為這樣的特殊來歷，而讓所有人認為聖盃擁有特殊的能力，大多數的投資人在交易上也都在尋找神奇的能力，可以在市場上呼風喚雨，這就是所有投資人都在尋找的交易之聖盃。

事實上，無論投資人怎麼樣在市場上交易，都無法影響市場的本質。即使投入100億的現金到市場上，或是從市場上一口氣取走了100億，都如同把石頭丟進大海一樣，無論丟了多大的石頭，海面上也只會出現一下子的漣漪而已。就算能丟下幾噸重的岩石到海中，頂多是出現滔天巨浪，可以稍微維持久一些，但是最後還是會恢復成原來的大海，持續地潮起潮落，不會因此就改變了大海的本質。

## 先了解自己的能力再上船

不過，雖然市場就像大海，但是許多投資人還是夢寐以求地想征服海洋，想要成為大海的王者。市場上，久久會出現一兩位這樣的英雄，因為天賦異稟所以可以馳騁大海，不過那真的只是極少數的人才有辦法做到。

就像有些船長可能由於一出生就在海上玩耍，從小到大都在船上工作，因此長大後對於海浪潮汐的變化以及天候情況可說是瞭若指掌，成為讓人欽羨的海上王者。不過如果自己不是這樣的人，沒有從小出生在交易世家，也沒有天賦異稟或是從小就在交易市場長大，半路出家就想征服大海話，那麼幾乎都會被無情的大海所吞噬。

所以，在出海前要先有心理準備，我們無法了解無垠的大海，因此不能去奢望可以征服這片海洋。我們可以做的事情就是好好地了解自己：如果只有一艘小船，那麼就只能在平靜無波時出海，而且也不能駛得太遠；若有艘快艇，那麼

可以在有點浪時出海衝刺，不過也無法馳騁太久，快沒油時就得趕緊回航。

如果想要航向遠方，就得準備一艘大船才行，如果有艘郵輪，當然就有機會，但必須設想周到。因為郵輪雖大、但是行動力緩慢，不容易轉向，所以不是說遇到礁岩時想轉就可以轉，而是必須持續觀察遠方的海象跟海面的變化才行。但若是本身缺乏遠見又想要掌舵郵輪，就可能成為另一艘鐵達尼。

不需要刻意去想要了解市場，因為那是永無止盡的道路，我們需要的是好好地了解自己。如果我們資金不多，那麼就要善用累積的能力；在安全時進場交易只要持續維持績效，就能讓資金持續成長。如果我們在資金上已經有一定的規模，那麼就可以開始多樣化的投資，進行一些積極型的交易。如果哪天我們的資金已經非常龐大，就像是郵輪一樣的噸數，那麼安全性就是我們最需要注重的事項。如何讓自己有正確的遠見，就是大資金操作的最大關鍵。

## ▎知己知彼就是聖盃所在

孫子兵法的《謀攻篇》中說：「知己知彼，百戰不殆；不知彼而知己，一勝一負；不知彼，不知己，每戰必殆。」也就是說，我們在了解市場的同時也要了解自己，這樣才能打造最佳的投資策略，打下每一個勝仗，讓績效穩定成長。

其中「知己」又比知彼重要很多，因為如果不了解自

己、又怎麼會了解敵人？因為市場就是所有人的集合，因此想要了解市場最重要的步驟就是先了解自己。只要能夠徹底地了解自己，就算不能夠每次都打勝仗，也能夠避掉每一次可能的敗仗。

　　因此交易的聖盃其實就在我們的心中，能夠好好地了解自己，知道自己的強項在哪裡，不擅長的地方又是什麼，自然就可以挑選出最適合我們自己的交易方式。如果要一個當沖高手去做波段，或是要巴菲特這樣的價值投資人去做當沖，那麼下場就會猶如散戶一般。所以每個投資人只要能夠好好地了解自己的特性，那麼就是找到屬於自己的交易聖盃，換句話說就是可以在自己專屬的領域中，成為該領域的巴菲特。

# 上漲好還是下跌好

### 漲跌不重要／交易策略／重點在趨勢

愈是用功的投資人愈容易虧錢，為什麼？

許多投資人每天收盤後就會開始研究股市的各項數據，這是一個非常好的習慣。如果我們下班後還這麼認真研究明天的工作，現在應該都已經是大企業家了。不過為什麼投資人這麼認真，經過了許多年後還是無法得到穩定獲利的結果呢？

導致怎麼努力都無法獲利的關鍵原因，就是投資人大多都只關心明天股市的漲跌，每天收盤後就開始研究明天的股市或下週的股市，未來到底是會漲還是跌。就像是如果開間咖啡店，每天打烊後就開始研究明天或下週的客人到底會比較多還是比較少，而不去認真研究怎樣服務更好或是煮出更好喝的咖啡。如此一來，無論多認真都無法經營好一間咖啡廳。因為就算知道明天會有多少客人，對於整個月的業績或者長期的咖啡廳獲利都沒有幫助。

一樣的道理，認真地研究明天的股市會漲會跌，或是下週的股市漲跌多少，對整個月或是整年的投資獲利情況，一點幫助也沒有！

# 盲點01
## 勤於研究不是好事，短線變數多

　　另外，大多數的投資人認真研究股市近期的漲跌，仍無法達到穩定獲利的情況，還有兩個關鍵因素。

### 看趨勢？還是短線隨機變化？

　　股市短線的變化大多是隨機的，無論是什麼商品走勢，只要週期愈短，那麼隨機的性質就會愈重。

　　也就是說愈短的行情，影響漲跌的因素愈多，諸如主力的調節、國際消息面的利多利空、法人的報告好壞、政府政策的宣布、融資券的開放或禁止、大資金的套利動作、大股東的節稅交易或是大戶出脫持股……等等都會影響股市的短線漲跌，上述的資訊可以說是多到我們無法一一統計。

　　甚至還有許多看似無關的因素也會影響股市漲跌，像連續假期的影響、颱風造成的損害或放假、氣候的變化或是公司領導人的發言……等等。所以影響股市短線的變化因素，包含有形或無形的影響，可以說是多到不計其數。投資人想要用其中幾項條件就預測明天或是下週股市的漲跌，彷彿是以管窺天，總是會發現無論多麼地認真研究，都是有時準確，有時候不準；就這樣永遠陷入不斷研究又不斷失敗的惡性循環當中。

## 在研究？還是在尋找慰藉？

投資人雖然看似努力，辛勤研究股市隔天的漲跌，但是在研究之前往往都已有主觀想法：持有多單的投資人總是希望隔天股市上漲，會不自覺地持續找出有利明天上漲的因素，像是外資買進、政策作多、融資餘額偏低以及國際股市上漲等因素；持有空單的投資人總是希望隔天股市下跌，自然而然地就會尋找支持明天下跌的因素，像是投信賣出、政府是反指標、融資短線增加過多以及國際股市反彈快結束等等因素。

所以，雖然大多數的投資人表面上是在認真研究股市的數據，事實上，只是在尋找可以支持自己手中部位的慰藉。如果投資人把所有因素都客觀考慮進去，就會發現明天的上漲或下跌的因素總是五五波，很難明確判斷漲跌。但是由於投資人大多會受到手中持有部位的影響，而導致自己充滿主觀想法。在這樣的背景下，無論多認真的研究都是徒勞無功。

# 盲點02
## 漲跌不重要，用心在其他關鍵更好！

多次在我演講結束後，或是和友人聚餐後，常被問到：「阿斯匹靈，請問你覺得最近的股市會漲還是會跌？」

事實上，大多的投資人已經心有定見。如果你手中持有多單，那就表示是多方；如果手中持有空單，那就表示空

方，因此無論我的回答是什麼，基本上都對投資人幫助不大。再加上演講結束後的時間有限，也無法花很多時間來明白表達我的想法，因此總是無法有效地幫助投資人找到他們心中的方向。

所以在這裡，要向投資人強調一個觀念：無論明天的股市上漲還是下跌，其實都是好事，因為實際上明天股市的漲跌對績效影響不大。如果太在意明天的漲跌，那麼績效一定會變差。如果我們能夠正面看待明日的漲跌，交易績效就一定可以開始穩定向上。

如同最前面所提到的咖啡廳例子，如果我們希望未來幾年可以穩定獲利，那麼明後天有多少客人根本不重要。重要的是我們要專心在如何泡出好咖啡、保持環境的舒適、提供良好完善的服務以及物美價廉的產品，這些事情看起來似乎與咖啡廳的業績無關，但卻是讓咖啡廳未來幾年可以穩定獲利的關鍵因素。

所以在交易上要擺脫研究短期漲跌的習慣，開始認真努力在其他關鍵的事情上。像是如何訂下交易策略、如何控管交易資金、怎麼樣管制交易風險、加碼策略的規劃以及出場的條件設置等等。這些事看起來都與短線的獲利無關，但是只要專注認真在這些事情上，未來幾年的績效就會穩定成長。

# 盲點03
## 漲跌都很好，當成獲利做功課

所以如果我們努力的方向正確，明天的股市無論上漲還是下跌，對我們都是好事。

如果股市上漲，非常好！那麼多單就是持續進場；如果股市下跌，也很好！那麼多單就持續減碼，空單可以開始試單；如果股市忽漲忽跌，那更好！因為可以開始縮小部位，做整體產業的強弱研究以及策略上的調整；如果操作的績效穩定獲利，那很好！因為表示之前的努力出現成果；如果操作的績效開始下滑，那更好！因為可以進一步加強交易策略做。就如同我們在正式考試前的模擬考一樣，能夠寫出一張低分的模擬考卷，就會有更多的補強空間。

所以無論是賺錢還是虧損，對長期的交易都是好事。只要調整好自己的心態，隨時讓自己放眼未來，把短線上的變化或盈虧，都當作是精進自己交易的過程；讓短線的虧損成為未來獲利果實的肥料，就可以坦然面對短線上的任何變化。

第1部 股市篇　第2部 心態篇　第3部 基金篇　第4部 交易篇

第5部 聖盃篇

# 股票在哪裡？

**信心／克服挫折／從比較小的金額做起**

要覺得自己能賺錢，才會真的賺到錢

　　民國89年以前，台股每天的開盤時間是從早上9時到中午12時，投資人經過三個小時的風風雨雨後，收盤結束就可以安心去吃午飯，讓自己有個放鬆的下午時光。

　　不過，因為要與國際行情接軌，因此從90年開始調整開盤時間為早上9時到下午1時30分，從三個小時延長為四個半小時。這也是因為開始實施週休二日的關係，少了週六的交易時間，因此週一到五的交易時間全部要延長50％之多。

　　由於交易時刻正是投資人心情起伏不定的時間，因此延長到下午一點半無疑是破壞了投資人的下午時光。另一方面，就算到了中午十二點的用餐時間，股市仍然不休息，因此投資人只好一邊看盤、一邊吃午餐，若剛好在用餐時出現大行情，那麼當天的午餐應該都會消化不良。

　　也就是說，自從股市改為一點半收盤後，投資人的生活就因此而出現很大的變化。

　　原本可以悠閒度過的下午就被破壞掉了，更何況由於目前全球投資環境開放，在台股收盤後，韓國股市跟香港恆生股市仍持續交易，下午四點過後歐洲股市又接力開盤，到了晚上十點美股又開始進入交易時間，一直到半夜四點才會大

致結束全球的交易行程。因此，如果投資人迷上交易，往往24小時都可以是交易時間，雖然這麼一來交易的機會變多，不過也會因此而破壞原本可以愜意度過的生活。

## Target01
# 縮小部位，找回生活的發球權

有些專業的交易人可以隨時看到機會就進場，沒有機會就出場；無論手中有無部位，心情都不會受到影響，照樣吃飯、照樣睡覺，是所有交易人的學習典範。

但是大部分的投資人往往只要開始交易後，無論手中有無部位，心情都會七上八下，持續受到股市的影響。台股收盤看韓股跟恆生指數，再來接著看歐股，晚上睡覺前看一下美股，讓自己的生活受到嚴重的影響，甚至連做夢都會夢到股市的行情變化。

我在擔任法人操盤手時，由於手中的持有部位太大，因此就會陷入上面的情況。半夜還會夢到道瓊指數大漲而驚醒，再次睡著之後又會因為夢到道瓊大跌而夢魘，可以說是非常嚴重。

直到把部位持續縮小之後，我才又重新找回自己生活的發球權；因此如果投資人碰到上述的狀況，建議持續縮小手中的部位，甚至空手一段時間。直到自己擁有正常的生活後，再重新投入交易，相信一定會有更好的績效。

# Target02
## 先處理心情，再處理事情

有次在演講過後，有位投資人跑來請我推薦一檔股票，我當下就推薦一檔創下近年來新高的強勢股；那位投資人看到股價大漲的走勢馬上跟我說：「這檔股票漲這麼多，一定要準備回檔了，能買嗎？」

我建議他：若覺得會回檔，那麼可以先做個短空試試看，他馬上又回應：「這種強勢股如果做空，我一定會被軋上天的。」對於這樣的前後反覆的想法，我只好無可奈可地請他先觀望幾天，看看行情發展再來做決定。沒想到，他又說：「如果在場外觀望不就會錯過行情了嗎？」實在是讓我哭笑不得。

事實上，大多數的投資人總是會有這樣的情況，買進怕下跌，賣出怕上漲，空手又怕錯過機會！

有句話說：「先處理心情，再來處理事情。」在交易上也是這樣，先讓自己安心之後才能好好交易。所以交易本身並不難，困難的是要讓投資人在交易時可以心無罣礙，就要花上許多工夫才行。通常會讓投資人心情起伏不定原因大致如下：

## 持有部位太大

　　如果手中持有的部位太大，那麼每天損益的變化就會明顯地影響自己的心情。有句電影台詞這樣講：「我一秒鐘幾十萬上下！」投資人若有正常的工作，那麼幾十萬可能是幾個月的薪水；一秒鐘就賺到幾個月的薪水，或是一秒鐘虧掉幾個月的薪水，相信正常人都會受不了。因此如果手中部位大到開始影響自己的心情時，就要持續降低部位到讓自己心情平穩的地步，再重新慢慢增加即可。

## 擔心買進後會回檔

　　很多人想要買進飆股，但是又怕買進後隔天股價就開始回檔，這種時候就可以採取分批進場的策略，也就是可以先買進1/3；如果隔天開始回檔的話，再往下買進1/3；若之後再度下跌的話，又可以買進1/3，這樣的分批買進方式就可以解除先前提到的顧慮。

## 擔心等回檔低接會買不到

　　有些人認為股價準備回檔，但是又怕如果等不到回檔的低接時機，股價可能又會持續噴出，因此仍然可以使用分批進場法，一樣是先買進1/3，如果股價回檔就慢慢買進其它的2/3；如果股價噴出，手中仍然有1/3的部位，所以還是可以享受到股價上漲的利潤。

### 📄 擔心賣掉後股票就上漲

有些人在持有股票後，發現股票出現賣出訊號。無論是有無獲利的情況，投資人都會擔憂如果賣掉之後隔天大漲，那麼心情一定會非常「鬱卒」。因此仍然要使用分批出場法，也就是先賣掉1/2，之後股價有上漲，再賣掉1/2就可以了。

## Target03
## 手中有股票，心中無股價

上述分批進出場的交易比重可以看自己的交易策略來確認，重點是無論是以上哪種情況，我們都可以知道一件事：要解決心情上的問題，都要從「資金控管」方面來著手。只要透過妥善的資金配置，就能讓投資人的心情回覆到平穩的狀態，達到「手中有股票，心中無股價」的境界。

因為，無論這檔股票的表現如何，都與我們長遠的績效無關。能夠長期穩定獲利，是靠著適合自己的交易策略，還有妥善的資金控管才能夠達成。因此能夠穩定獲利的投資人在買進股票之後，就會忘記自己其實持有這檔股票了。

# 我說賺就會賺？

**信心／克服挫折／從比較小的金額做起**

要覺得自己能賺錢，才會真的賺到錢

很多人雖然在自己的領域有非常優異的表現，但無論是多麼聰明的博士或是優秀企業家，在交易市場上也都是虧損居多。因此大多人認為投資交易不但是門藝術，也覺得交易真的需要天分：能否獲利，似乎與投資人的努力毫無關係——說起來實在是讓人非常灰心。這也是投資困難的地方，因為沒有明確的步驟或規則可以遵循，不像是家具，看著說明書就能組裝完成。無所適從可以說是再正常也沒有。

## 關鍵01
## 充滿信心，就可以學會

投資往往只能靠自己摸索，書中的各項知識或是別人提供的方法，往往都只能當作參考。因為沒有兩位交易者的交易方式是一模一樣的，所以投資人一定要有這樣的認知：將來所學會的獲利技巧或能力，絕對會是獨一無二，專屬於自己的能力，沒有人可以模仿！

而要如何獲得交易的能力。簡單地說，有個重要的關鍵就是「信心」。

這個關鍵聽起來卻很抽象，因為大多投資人一開始進入

股市時都充滿信心，只是在經過一連串的虧損後，信心就灰飛湮滅了。

也因為如此，在這裡阿斯匹靈要請大家回想起一下小時候曾學過的技能——騎單車。試著回想一下，小時候我們怎麼學會騎單車？那時候，當第一眼看到單車時，其實並不會去想「我會不會騎車？」我們心中應該只有一個簡單的念頭：「我想要騎單車，因為可以騎單車的感覺真好！」

就這樣我們跨上單車，想都不想就開始去嘗試。當然，沒有人一跨上單車就會騎車，所以我們一開始練習都是搖搖晃晃，甚至還會跌倒。不過只要沒有嚴重受傷，我們就會拍拍身上的灰塵繼續練習。

當然前幾次仍舊繼續跌倒，但是有個關鍵因素：小時候對於前幾次或是數十次的跌倒都不覺得是「失敗」，也不覺得自己沒有能力學會騎車。我們只會持續地利用前面跌倒的經驗讓自己從中學習跟成長，並且持續地堅信自己一定可以學會。

到最後，我們就真如想像一般學會騎單車。更重要的是，當我們學會後，一點也不覺得這是件多麼了不起的事，因為我們從頭到尾都認為「學會騎單車」絕對是理所當然的！

一樣的道理，在成長的過程中，我們持續地透過學習騎

單車的方法，開始學習許多能力，諸如游泳、溜冰、跳舞、彈樂器……當然還是有些人沒有學會游泳或是騎單車，可能是沒有意願，或是因為在學習的過程中出現很大的挫折，像是騎單車由於沒有帶護膝，因此一摔車就很慘；或是學游泳時嗆到水甚至溺水，都會讓我們在學習這項能力時蒙上一層陰影，導致無法順利地學習。

## 關鍵02
### 從低階練習起，重拾信心可獲利

同樣的道理，若尚未開始交易，那麼請謹記一件事：學習交易的過程中，絕對不要讓自己受到嚴重的傷害。只要對交易保持高度的好奇心跟信心，即使交易虧損也不當作失敗，而是當作學習跟成長的珍貴經驗，並且持續不斷交易、並吸取經驗，那麼假以時日，就一定可以成為交易好手。

不過可惜的是，大多的投資人由於沒有正確的觀念，因此投入股市沒有多久就會受到嚴重傷害。因此就像溺水過的小孩一樣，一輩子都會怕水而無法輕鬆地學會游泳這項能力。如果已經如此受傷，投資人得先回到原點，從建立信心開始。

就溺水過的人，不可能直接在水深200公分的游泳池內練習，如果讓從淺一點泳池開始練習，就可以有效克服對水的恐懼。同樣的，我也建議受傷過的投資人先讓自己從極小

的部位開始操作，讓投資的損益幾乎不會影響到心情，那麼就可以避開以往的恐懼經驗，慢慢重新開始交易，並且建立信心。當可以在100公分深的泳池內持續游出50公尺而不休息，就可以換到150公分深的泳池。同樣地，若投資人在極小部位已經習慣獲利之後，就可以慢慢加大部位，讓自己再慢慢適應，慢慢地重新找回自己的信心，就能找到穩定獲利的方式。

所以大多人都可以學會騎單車，因為他們說會騎就會騎。同樣地，只要我們能夠找回投資交易的信心，那麼當我們認為自己一定會賺錢，透過不斷地交易跟學習，我們就一定會賺錢！

CHAPTER

**23**

# 阿嬤對不起？

### 錢／良心／夢想
賺錢不是搶錢，是為了夢想

　　有次跟一位朋友吃飯，由於他是操作期貨的交易員，因此向我提到心裡的疑惑：由於期貨是零和遊戲，即指有個人在期貨市場上賺錢，就表示一定有另一個人在期貨市場上虧錢。因此他若賺到一個阿嬤的買菜錢，那不就是非常不好的事嗎？因此他總是不敢在市場上賺太多，因為覺得賺到的這些錢都是不義之財。

## 疑惑01
## 投資賺錢有意義嗎？

　　相信許多交易朋友有相同的疑惑，就算沒有擔憂阿嬤的買菜錢，也不會認為自己從交易市場上賺的錢是有意義的。因為我們固有的觀念是：如果要賺錢，就是要做一些對公司或是社會有貢獻的事，譬如煮一碗麵給客人吃、泡一杯咖啡給客人喝或是幫客戶修理電腦等等，用勞務換取報酬，有所貢獻然後換取報酬，才是這個社會可以認可的賺錢方法。

　　但是在投資交易的世界當中，我們充其量只是一鍵買進，然後再按下一個鍵賣出，就可以看到交易的帳戶資金變多。這個獲利的數字可以是上班族一個月的薪水，也可以是早餐店老闆一年的收入。當我們靠著交易獲利時，心中往往

沒有踏實的感覺，造成我們會失去持續增加獲利規模的動力。

　　試想假設你開了一間早餐店，如果你非常認真經營，有能力做出新鮮的豆漿以及好吃的早餐，剛開始經營時可能收入不佳，一個月只有2萬多元的收入。但是當做出口碑，早餐店就會開始人聲鼎沸。當看到自己的店門口大排長龍，相信會非常地滿足以及有成就感，這時候月收入可能是十幾萬了。雖然收入的金額變多，但是讓你滿足的應該是高朋滿座的成就感，而不只是獲利的數字。

　　不過你可能因此想要開第二間店來服務其它的客戶，你的店也因此從一間到兩間、甚至延伸到十幾間，頓時成為連鎖早餐店的經營者，月收入可能會破百萬，但是仍然是因為每間店都經營的很好才感到滿足，而這也是你持續努力的最大關鍵。

## 疑惑02
## 人生最大的夢想是什麼？

　　不過在交易上，如果我們學習的方向正確，那麼我們很快就會獲利。我們可能可以靠交易每個月獲利2萬多元，當找到獲利的關鍵方法時，這時的獲利可能會再度向前一步，來到5萬多元（每月）。但是你會發現無論是賺2萬還是5萬，面對的都是冷冰冰的電腦螢幕，不會因為努力交易而被感謝。這時候投資者會發現：自己的熱情只在金錢上。而金

錢是不容易讓人有成就感或滿足感。

所以很多交易者在賺到錢後，就會努力地把錢花掉，試圖從花錢的過程中找到自己的滿足感。不過無論是靠交易的獲利買到一台車或是一間房子，許多交易者都還是會覺得空虛，最大的關鍵就是無論從市場上賺多少錢，對於社會的貢獻都是很少的，甚至看到有人因為交易股票破產的消息時，還會不自覺地心生罪惡感，這是交易者所要面對的最大難題。

因此當有人問我要如何成為自由交易者，我都會反問這些朋友一個問題：「你人生的最大夢想是什麼？」，因為交易只是一個獲利的工具及方法，我們都不愛不能花的鈔票，否則就把台幣換成辛巴威幣，面額更大更快樂！靠著交易賺到的鈔票只是代表購買力，重點不是買到新車或豪宅，而是要購買我們的夢想。

## 疑惑03
## 我想從交易中獲得什麼？

當然若仔細想想自己夢想，就會發現如果是對社會有貢獻的事，對許多人來說會有最大的滿足；像是蓋一間圖書館、成立一個慈善基金會或是成立育幼院等等，因此當你的夢想可以對這社會有所貢獻，也就表示你交易獲利也對社會有所貢獻。

這樣一來，當交易獲利愈多，對社會貢獻也愈多，也當

然會有更多的滿足感與成就感，這樣也會促使我們更加地投入交易當中，成為一個正向的循環；也才能夠突破原有交易的瓶頸。

因此我們進入交易市場之前，我們一定要先確定我們想要從交易當中獲得什麼。剛開始可能是一台車或是房子；但是這並不是你的人生，車子不是你，豪宅當然也不是你。想要什麼樣的人生，還是自己得想好才行，我們只是努力透過交易來追求自己想要的人生。如果可以確定自己想要的人生，那麼交易就不會有障礙，可以突飛猛進地成長。

至於阿嬤的買菜錢，就不用擔心了，「市場」就是缺了我們，也仍會永遠存在。因此自己有無從市場上賺錢，與阿嬤有沒有錢買菜是風馬牛不相干的。若真的擔憂的話，就把賺到的錢多捐一些出來吧！

# 「漲不停」才最可怕？

**漲停／漲不停／出場**
如何出貨？如何判斷是機會還是陷阱

　　年輕一點的投資人可能不知道，以前沒有電腦的看盤軟體，因此若想要知道股票的報價，在家裡只能看電視台上的股價輪播，或者聽收音機輪播，大概等個五分鐘才能看到自己的股票。所以若想要即時看到自己的股票報價，就要到證券公司去看「電視牆」，也就是證券商（號子）會準備50部以上的電視機，每台電視機大概可以秀出10多檔股票的報價，因此以前在一面電視牆上總共會有600多檔的股票報價。

　　由於股票持續上市櫃，早已經超過千檔，就連電視牆也無法全面顯示股票的報價，加上電子看盤軟體的盛行，因此很多證券公司已經沒有提供股票電視牆了。

## 陷阱01
## 只怕漲停，不怕漲不停

　　由於在股票電視牆時期的股票投資者不多，大部分人只願意買自己熟悉的股票，因此很多公司就會利用電視牆的特色來操作股價。在股票電視牆裡的報價，若股價上漲的話就會顯示黑底紅字、下跌則是黑底綠字，但是一旦漲停的話，則是紅底白字，看起來就像是亮了紅燈一樣，也就是「亮燈

漲停」。

當一堆報價數字在電視牆中，出現了亮紅燈的漲停報價時，就會非常顯眼，也會吸引大量投資人的目光，進而去關心這檔股票為什麼會漲停。這檔股票的知名度就會瞬間在全台暴衝，也會成為投資人追逐買進的標的。

所以主力如果要炒作股票，一開始都會只讓自己控制的股票慢慢漲，但是卻會漲不停。等到股價已經漲到主力的目標價時，主力就會全力拉抬，讓股票出現亮燈漲停的情況，進而吸引全台投資人來追逐買進，主力就可以趁機出貨把股票賣給投資人。因此老一代的投資人都會知道這句話：「只怕漲停，不怕漲不停。」

# 陷阱02
## 股價飛漲，可能是主力出貨陷阱

現在網路科技化的時代，幾乎每個投資人都有電腦，也配備股票的下單兼看盤軟體。此外，像是手機裡也有下單的app，想要看什麼股票的報價都可以，非常方便。

也因此若有檔陌生的股票漲停，就不像之前容易吸引眾人目光的。而隨著科技日新月異，主力的控盤技巧也持續進步，一天的漲停無法吸引投資人，那麼主力就會連拉十根漲停讓投資人發現，或是透過網路論壇及電視節目發送這檔股票的資訊，讓投資大眾認為這檔股票仍還能夠爆炸性成長，於是追逐這檔股票，藉此達到出貨的目的。因此。說主力出

貨的方式也不斷地更新，投資人要非常留意。

不過從投資人喜愛追漲停的習慣來看，我們可以知道投資人大多偏好短期利潤，遠遠勝過長期的穩定獲利，也因此才會被主力利用。投資人一定要改變這個習性，否則即使電視牆的時代過去，但是投資人喜愛追逐短線的利潤的慣性仍舊不改，那麼主力還是會創造新時代的「漲停」來吸引投資人的目光。

舉個例子，以往由於資訊不發達，因此股票的營收創新高不一定會吸引投資人目光。但是現代資訊爆炸，當一檔股票營收創新高時，資訊會立即在各大報及網路新聞媒體曝光，因此很快就會吸引投資人的注目，主力會趁消息上報時，拉出關鍵「漲停」，投資人就會一窩蜂地去追逐主力出貨的標的。

## 陷阱03
## 短期獲利，比不上長期複利威力

投資交易是一輩子的事，只有少數人可以在投資市場上大賺後就退休，大多人離開市場的原因反而是因為陣亡，也就是資金全輸光才會離開。只要是大賺的投資人都會繼續下注。所以請投資人仔細想想，既然我們要在市場裡交易一輩子，為何總是在追求短期的利潤呢？

如果我們訂的獲利目標是一年20％，那麼一個月的獲利目標不到2％，與一天7％的漲停比起來幾乎是微不足道。但

如果我們每年都能夠達到年報酬20％，經過了十年複利的結果，我們就會有6倍的報酬；二十年後就會有38倍的報酬。

如果可以堅持下去，持續穩定獲利三十年，報酬率會達到237倍之多；也就是說，如果一開始投資的資金是100萬，三十年後就是2億3,700萬，非常驚人！

其實這就是巴菲特能夠成為全球首富排行前五大的關鍵，因此千萬不要小看每個月2％的報酬，而去追逐每天漲停的7％，最後反而成為主力出貨的對象。

圖24-2　複利的威力，持續累積中！

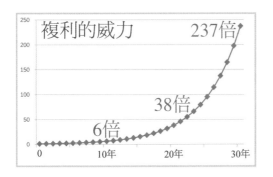

在圖24-2就可明顯看得出複利的威力，這也是持續累積的力量。只要朝著正確的方向前進，慢慢累積我們的經驗，並且年復一年地持續成長；只要可以堅持不要去追漲停，就能夠避開大多股市中的陷阱，成為永遠漲不停的股市贏家！

Pecunia 3

## 新手選股不哈囉！
## 阿斯匹靈不看盤也獲利的 30 堂財務自由課

作　　者／阿斯匹靈

社　　長／陳純純

總 編 輯／鄭　潔

副總編輯／張愛玲

主　　編／張維君

封面設計／美果設計（林采瑤）

內文排版／造極彩色印刷製版股份有限公司

整合行銷經理／陳彥吟

北區業務負責人／何慶輝（mail：pollyho@elitebook.tw）

南區業務負責人／林碧惠（mail：s7334822@gmail.com）


出版發行／出色文化出版事業群 ‧ 好優文化

電　　話／02-8914-6405

傳　　真／02-2910-7127

劃撥帳號／50197591

劃撥戶名／好優文化出版有限公司

E—Mail／good@elitebook.tw

出色文化臉書／https://www.facebook.com/goodpublish

地　　址／台灣新北市新店區寶興路 45 巷 6 弄 5 號 6 樓

法律顧問／六合法律事務所 李佩昌律師

印　　製／龍岡數位文化股份有限公司

書　　號／Pecunia 3

Ｉ Ｓ Ｂ Ｎ／978-986-99663-9-9

初版一刷／2021 年 4 月

定　　價／新台幣 380 元